oder
VeRB
Substantiv
bei
VeRB
B T
tun
oder
studieren
ABC

das
tun
VeRB
ABC
VeRB
nicht
VeRB
studieren

# 5-Minuten Diktate

*für ein effektives & spannendes Rechtschreibtraining*

3. und 4. Klasse Deutsch Grundschule

Sebastian Häfner

Email: info@edition-lunerion.de
www.edition-lunerion.de



Psiana eCom UG
Berumer Str. 44
26844 Jemgum

# INHALT

# Vorwort

*Liebe Eltern und Lehrer, liebe Schüler,*

Schreiben ist bekanntlich eine der wichtigsten Kompetenzen, die jeder mündige Bürger heutzutage besitzen muss. Neben anderen sprachlichen Kompetenzen wie das Lesen und Sprechen gehört es auch zum Set der täglich gebrauchten Fertigkeiten zu schreiben. Für eine erfolgreiche und reibungslose Kommunikation im Alltag ist es unverzichtbar, richtig und verständlich schreiben zu können. In unserer stark digitalisierten Welt wächst die Bedeutung von schriftlichen Kompetenzen von Tag zu Tag immer weiter an. Die technischen Entwicklungen des letzten Jahrzehnts treffen insbesondere unsere Kinder, an die zunehmend höhere Anforderungen gestellt werden. Vor allem im digitalen Zeitalter, in dem wir heute leben, muss jeder von uns angemessene Rechtschreibkenntnisse haben. Denn nicht selten erleben wir im Alltag, dass die schriftliche Kommunikation einen bestimmten Vorrang vor dem gesprochenen Wort bekommt: So kann man seinen Arbeitgeber erst dann „in Präsenz" kennenlernen, nachdem man sich erfolgreich online um einen Platz beworben hat. In diesem Sinne kann man also sagen, dass die Rechtschreibkompetenz eine wichtige Voraussetzung für den zukünftigen beruflichen Erfolg unserer Kinder darstellt. Daher empfiehlt sich auch die frühzeitige und intensive Auseinandersetzung mit diesem bei Schulkindern auch mal unbeliebten Lernbereich.

Dieses kleine Büchlein gibt Eltern und Lehrkräften einen kleinen Überblick über die wichtigsten Rechtschreibregeln, die Kinder in der dritten und vierten Klasse beherrschen sollen. Die verschiedenen Regeln werden am Anfang der entsprechenden Kapitel kurz und knapp dargestellt. Danach haben Kinder die Möglichkeit, das Gelernte mit ein paar Diktaten zum Ausfüllen in die Praxis umzusetzen. Dabei unterscheiden sich die Diktate nicht nur nach spezifischen Rechtschreibbereichen, sondern auch nach Schwierigkeitsgrad. Das Buch lässt sich gut zur Nachbereitung des Lernstoffs verwenden und richtet sich nicht nur an Muttersprachler, sondern auch an Kinder, die Deutsch als Fremd- oder Zweitsprache erlernen. Nicht an letzter Stelle finden Sie hier eine große Sammlung von verschiedenen Rechtschreibregeln, die mit den bundeslandspezifischen Lehrplänen durchaus kompatibel sind. Und gerade da noch kein Meister vom Himmel gefallen ist, ist besonders bei den Kleinen häufiges Üben angesagt. Wir als Erwachsene müssen sie dabei unterstützen und ihnen die bestmöglichen Voraussetzungen für ein effektives und ungestörtes Lernen bieten. Im ersten Kapitel dieses Buches lernen Sie genau das – wie Sie Lernfrust in Lernlust verwandeln und wie Sie den Lernprozess mit Hilfe von Diktaten spielerisch gestalten können. Die Geheimnisse der Rechtschreibung scheinen Kindern oft undurchschaubar und grenzenlos kompliziert, doch das muss nicht sein! Denn genau dafür sorgen die unterhaltsamen Diktate in diesem Buch und das Beste: Dank QR-Codes kann Ihr Kind die Texte auch als Audiodatei abspielen lassen und jederzeit selbstständig üben!

Viel Spaß beim Lernen und Schreiben!

# Mit Diktaten zum Lernerfolg

Im Gegensatz zu den meisten logischen Rechenaufgaben in Mathematik will Rechtschreibung konsequent und beharrlich gelernt werden. Allerdings kann das häufige Auswendiglernen von Rechtschreibregeln in der Schule bestimmten Lerntypen große Schwierigkeiten bereiten. Zum Glück gibt es aber auch Regeln, die sich logisch ableiten und erklären lassen. Kinder, denen das abstrakt-assoziative Lernen leichter fällt, können sich diverse Regeln mit Hilfe von Eselsbrücken merken, welche in diesem Buch reichlich vorhanden sind. Am wichtigsten bleibt jedoch nach wie vor das häufige Üben, das die Regeln im Kopf verfestigen lässt. Und genau weil die verschiedenen Lerntypen Informationen auf jeweils andere Art und Weise verarbeiten, ist hier für jeden etwas dabei. Generell gibt es vier Hauptlerntypen, die sich jeweils in ihrer Art und Weise der Informationsverarbeitung unterscheiden:

**Auditiver Lerntyp**

☐ lernt am besten durch *konzentriertes Zuhören*

☐ braucht sich meist keine Notizen machen, um sich etwas zu merken

☐ mündliche Erklärungen sind für ihn sehr hilfreich

**Visueller Lerntyp**

☐ lernt am besten mit Hilfe von *Bildern und Grafiken*

☐ visualisiert häufig das Gelernte im Kopf

☐ findet bildreiche Sprache hilfreich

**Kommunikativer Lerntyp**

☐ lernt am besten durch den *gemeinsamen Austausch*

☐ beteiligt sich oft und gerne an Diskussionen

☐ eine soziale Lernumgebung empfindet er als förderlich

**Motorischer Lerntyp**

☐ lernt am besten durch einen *praktischen Bezug*

☐ bastelt und werkelt gerne

☐ spielerisches Lernen taugt ihm am besten

**Selbsttest: Welcher Lerntyp bin ich/ist mein Kind?**

Schau dir einmal die Beschreibungen der vier verschiedenen Lerntypen an. Unter jedem Stichpunkt wurden ihre typischen Merkmale und Fähigkeiten jeweils aufgefasst. Welche der oben aufgeführten Aussagen treffen auf dich persönlich zu? Setze ein Kreuz hinter jede Aussage, mit der du dich identifizieren kannst, und zähle schließlich die Kreuze, die du unter jedem Lerntyp gesetzt hast. Dabei zählt jedes Kreuz als ein Punkt. Der Lerntyp, dem die meisten Punkte zugeordnet werden können, kann als dein primärer Lerntyp bezeichnet werden. Der Lerntyp mit den zweitmeisten Punkten ist wiederum dein sekundärer Lerntyp. Mischformen jeglicher Art sind hierbei nicht auszuschließen. Denn tatsächlich lassen sich viele Menschen nicht stringent einem einzigen Lerntyp zuzuordnen. Je bunter dein Mix ist, desto mehr verschiedene Lernmethoden kannst du dir erfolgreich zunutze machen.

# DIKTATE – DER SCHLÜSSEL ZUR GUTEN RECHTSCHREIBUNG

Warum sind Diktate so beliebt im schulischen Alltag? Ein wichtiger Grund dafür ist das gleichzeitige Einüben von zwei sprachlichen Kompetenzen – der Rechtschreib- und Hörverstehenskompetenz. Beim Diktatschreiben muss sich das Kind nicht nur auf das Gehörte und seine Reihenfolge konzentrieren, sondern auch noch zeitnah darüber entscheiden, wie bestimmte Wörter geschrieben werden sollen. Und genau, weil nicht jedes Wort im Deutschen so geschrieben wird, wie man es ausspricht, kann das auch mal für Verwirrung und Entmutigung sorgen.

Statt eine Regel nach der anderen zu pauken, können Schüler mit der Diktiermethode direkt hinter die Logik der entsprechenden Schreibweise schauen. Je häufiger bestimmte Rechtschreibregeln im Diktat geübt und visualisiert werden, desto besser kann sich das Kind typische Muster einprägen. Wichtig ist außerdem das anschließende Kontrollieren des Diktats, wodurch das Kind seine eigenen Fehler einsehen und verstehen kann. Die Entwicklung des Sprachgespürs und die Vertiefung von diversen Grammatikkenntnissen sind weitere Vorteile des Diktats, die nicht nur die Einprägung von Rechtschreibregeln, sondern auch noch das Lernen von Fremdsprachen erleichtern.

Mit der häufigen Wiederholung der Übung wird das Kind sichtbar kompetent im Schreiben. Je mehr der Schüler übt, desto mehr praktisches Sprachwissen häuft er an. Mit der Zeit gewöhnt er sich an die Logik des Rechtschreibsystems und lässt sich beim Niederschreiben der Wörter nicht mehr vom Gehörten verunsichern. Das ist auch der Grund, warum das Diktat sich über Jahrzehnte hinweg als eine geeignete Methode für das Erlernen von Rechtschreibung in der Schule bewähren konnte.

# WIE KANN MAN MIT DIESEM BUCH ERFOLGREICH ÜBEN?

Im Prinzip kann der Schüler sowohl selbstständig als auch mit Hilfe der Lehrer oder Eltern üben. Die im Buch vorgeschlagenen Diktate sind kurz genug, sodass das Kind den Text erst einmal mit einem Gerät in seinem eigenen Duktus aufnehmen und dann die Aufzeichnung abspielen kann. Dieses Vorgehen hat zwei klare Vorteile: Zum einen kann sich das Kind die Schreibweise bestimmter Wörter und die Zeichensetzung im Satz durch das einmalige Einsehen des Textes **visuell** merken. Zum anderen kann es durch das Anhören seiner Stimme der eigenen Sprechweise auf **auditive** Art und Weise bewusst werden.

Mit genügend Wiederholungen der Übung wird neben der Rechtschreibung auch noch die Sprechweise verbessert. Das ist wichtig, weil alle vier Vorgänge – das Sprechen, Hören, Lesen und Schreiben – mental aufeinander abgestimmt verlaufen. Wenn einzelne Sprachkompetenzen gefördert werden, ziehen auch die restlichen mit. Ob der Schüler aber selbstständig oder unter Anleitung von Erwachsenen üben kann, hängt schließlich auch von seinem Kenntnisniveau und seinen Erfahrungen ab. Je mehr Vorkenntnisse er hat, desto selbstbewusster geht er mit der Methode um. Für Kinder, die tendenziell etwas unsicherer sind und beim Diktieren lange zweifeln, empfiehlt sich die gemeinsame Übung mit einer erwachsenen Person.

Unabhängig davon, ob das Kind allein oder mit jemandem zusammen übt, muss man auf die Einhaltung der korrekten Übungsreihenfolge achten. Vor Beginn des Diktats soll die Beherrschung der Regeln, welche die notwendige Basis für die eigentliche Übung bilden, kontrolliert werden. Während des Diktats muss sich der Vorlesende außerdem um eine deutliche Artikulation bemühen, die den Prozess erleichtern und den Schüler ermutigen soll. Am Ende empfiehlt sich dann, den Text der Kontrolle halber noch einmal ganz vorzulesen. Das nimmt dem Kind die Angst, etwas versäumt oder missverstanden zu haben, und gibt ihm nebenbei die Chance, eine erste Korrektur des Textes vorzunehmen. Erst nach Abschluss des Diktats kann eine umfassende Fehleranalyse gemacht werden, mit der wiederholt auftauchende Fehler und Muster aufgezeigt und dem Kind verständlich gemacht werden können.

## Alleine

Wurde das Kind bereits in der Schule mit dem Prozess des Diktierens vertraut gemacht, so kann es auf Wunsch und mit genügend Selbstvertrauen auch selbstständig zu Hause üben. Auch hierzu gibt es vielfältige lustige Möglichkeiten.

### QR Codes

Dieses Buch bietet dir eine besondere Methode an, selbstständig und auch ganz autonom zu lernen. Mithilfe der **QR Codes**, die neben jedem Diktat zu finden sind, erhältst du eine Möglichkeit, dir jedes Diktat vorlesen zu lassen, sodass du hier ganz einfach mitschreiben kannst. Scanne dazu einfach den QR Code mit einem Smartphone – mithilfe der Kamera – und dann kannst du auch schon loslegen!

Info: Über Dropbox-App ODER auch die Webseite möglich (Option wird **nach Scan** ganz unten angezeigt, es ist kein Abonnement oder eine App-Installierung nötig).

### Handy-Aufzeichnung und Co.: eine Benutzeranleitung

- digitales Gerät wie zum Beispiel Handy oder Laptop
- die vorlesende Stimme mit einem Programm aufzeichnen
- Aufzeichnung zu Beginn des Diktats abspielen

### Vorleseprogramm

• auf fast jedem technischen Gerät bereits vorinstalliert

• unzählige kostenlose Vorleseprogramme wie Balabolka, TTSReader und Vorleser XL

• eine Vielzahl von bereits aufgezeichneten Diktaten auf YouTube und Lernseiten wie www.diktat-truhe.de und www.diktat-ueben.de

• fertige CDs mit vorgelesenen Diktattexten kaufen oder selbst produzieren (mit der Audacity Software)

### Interaktive Diktate

• moderne Variante des klassischen Diktats darstellen

• können schnell und unkompliziert vom Kind selbst erstellt werden (mit der H5P Software)

• eine Menge davon findet man auf YouTube und Webseiten wie www.grundschule-digital.com

### Würfeldiktat

• das konventionelle Diktat spielerisch gestalten

• Papierwürfel basteln und diese mit unterschiedlichen Wortklassen wie Nomen, Verben und Adjektiven beschriften

• würfeln und beliebige Sätze bilden

• daraus entsteht ein längerer Text

### Laufdiktat

• hier dürfen sich Kinder auch körperlich betätigen

• ein Text in mehrere Sinnabschnitte einteilen, die auf verschiedene Blätter geschrieben werden

• die Blätter an verschiedene Orte im Zimmer legen

• vom Schreibtisch zum Fenster und zurück laufen

• versuchen, sich den jeweiligen Abschnitt zu merken und diesen wortgenau im Diktat wiederzugeben

• ob sich das Kind nur einzelne Wörter oder bereits ganze Sätze in einem Lauf merken kann, hängt von seiner Konzentrationsleistung ab

- kann noch abwechslungsreicher in Form einer Schnitzeljagd gestaltet werden
- dabei muss das Kind erst mal Schritt für Schritt alle Puzzleteile des Textes finden

### Drehdiktat

- dabei werden auf ein paar Karteikarten kurze Ausschnitte aus einem ausgewählten Diktattext notiert
- das Kind muss sich dann ein paar Wörter oder Sätze merken und diese anschließend auf der Kehrseite der Karte aufschreiben
- Ziel ist, die Karten so selten wie möglich umzudrehen
- bei häufigem Umdrehen eher eine Abschreibübung; eignet sich perfekt für den Einstieg ins eigentliche Diktat
- wird diese Diktatform vom Kind als eine Art Herausforderung oder gar als Spiel wahrgenommen, steigert dies die Motivation, bei der Aufgabe seltener zu „spicken"; dann eher selbstständiges Diktat
- man kann auch einfach versuchen, die vorgelesenen Wörter und Sätze aus seinem Gedächtnis heraus aufzuschreiben

Mit diesen etwas anderen und lustigen Übungen wird allerdings nicht nur die Konzentrationsfähigkeit des Kindes gesteigert, sondern auch das eigenverantwortliche Arbeiten gefördert. Eigentlich gibt es eine Vielzahl an kreativen Diktatformen wie etwa das Frage- oder Klopfdiktat, die trotz ihrer Außergewöhnlichkeit und Zeitintensität breite Anwendung im Unterricht finden. Um herauszufinden, mit welcher Methode die besten Ergebnisse erzielt werden können, sollten Schüler möglichst viel selbst ausprobieren und dadurch neue und interessante Lernmethoden für sich entdecken. Am Ende heißt es dann immer, dass unabhängiges Lernen in erster Linie Spaß machen muss. Hier sind nicht an letzter Stelle auch viel Kreativität und Eigeninitiative gefragt.

## Zu zweit

Allein üben macht selbstständig, aber zusammen üben macht Spaß! Für erwerbstätige Eltern ist dies die perfekte Möglichkeit, ein bisschen mehr Zeit mit ihren Kindern zu verbringen. Selbst wenn die tägliche Zeit für gemeinsame Eltern-Kind-Aktivitäten etwas knapp wird, kann man sich zwischendurch immer fünf Minuten für ein unterhaltsames Diktat nehmen. Besonders für Kinder, die generell etwas unsicherer im Lernprozess auftreten oder einfach nur viel Zeit für die Nachbereitung des Lernstoffs benötigen, empfiehlt sich die Zusammenarbeit mit den Eltern oder Lehrern. Kann das Kind außerdem seinen Lernerfolg nicht eindeutig einschätzen, kommt die Unterstützung eines Erwachsenen genau gelegen. Vor allem, wenn eine regelmäßige Arbeitsroutine festgelegt wird, sorgt das für mehr Transparenz und gegenseitige Erwartungssicherheit im gemeinsamen Lernprozess. Damit die Eltern keine zu hohen Erwartungen in den Lernerfolg ihrer Kinder setzen, müssen sie sich im Voraus die Expertise der Lehrkräfte holen: Was kann mein Kind schon gut? Wo hakt es noch? Was ist verbesserungswürdig? All diese Fragen können in einem informellen Gespräch mit dem zuständigen Lehrer abgeklärt werden, damit sich die Eltern noch im Voraus des Kenntnisniveaus ihres Kindes bewusst werden können.

Bekannterweise gibt es vor allem bei Kindern sehr viele unterschiedliche Lerntypen, die alle verschiedene Herangehensweisen voraussetzen. Unabhängig davon, wie Ihr Kind am liebsten lernt, müssen Sie immer für genug Motivation im Lernprozess sorgen. Hat Ihr Kind bestimmte Vorbilder? Dann versuchen Sie, ihm deren Werdegang am Beispiel der guten Bildung zu vermitteln. Sprechen Sie außerdem oft genug über den Sinn und Zweck des Lernens. Setzen Sie für jede einzelne Lerneinheit klare Ziele – das können Sie unter anderem auch mit Hilfe der thematischen Gliederung in diesem Buch machen. Lernen Sie außerdem, Anzeichen von Lernfrust zeitig zu erkennen. Wird ein Kind schnell nervös oder verzweifelt es bereits nach dem ersten Fehler, müssen die Eltern wissen, wie sie mit der Situation umgehen können. Erklären Sie dem Kind, dass keiner mit ausgebildeten Kenntnissen und Fähigkeiten geboren wurde und dass wir alle lernen mussten, um das zu werden, was wir heute sind.

Darüber hinaus können auch materielle und kognitive Stimuli hilfreich in solchen Situationen sein. Darunter sind etwaige Reize zu verstehen, die sich positiv auf die Lernmotivation und den Lernerfolg auswirken. So kann man mit dem Kind ab und zu auch realistische materielle Belohnungen vereinbaren. Schließlich muss das Kind den Sinn hinter seinen Mühen verstehen und diese auch noch mit einem klaren Vorteil verbinden können. Was kognitive Stimuli angeht, kann das Kind einfach motiviert werden, indem es in eine Art Wettbewerb mit anderen Kindern tritt. Diktate üben geht nämlich nicht nur zu zweit, sondern auch zu dritt. Laden Sie das Nachbarskind zu sich nach Hause ein und machen Sie eine kleine Diktatwettbewerbsrunde mit entsprechenden Belohnungen. So wird Ihr Kind zweierlei motiviert einerseits gibt es den Reiz, der Bessere zu werden, und andererseits ist der Preis an sich natürlich ebenfalls erstrebenswert. Bei dem sogenannten Tandemdiktat können sich die Kinder andersherum den Text aufteilen und dann muss jeder nur die Hälfte schreiben. Sie wechseln sich beim Vorlesen ab und am Ende hat jeder nur halbe Arbeit, aber dafür vollen Fortschritt gemacht. Rechtschreibung lernen kann also auch kinderleicht gelingen! In einem der nächsten Kapitel erfahren Sie mehr über den richtigen Umgang mit Diktaten. Später lernen Sie noch hilfreiche Diktatstrategien und Methoden der Fehleranalyse kennen, mit denen Sie den Lernprozess rundum gestalten können.

**Übungseinheiten planen. Eine Checkliste für Eltern:**

□ Expertise des Deutschlehrers holen: Was kann mein Kind bereits gut? Wo besteht noch Vertiefungsbedarf?

□ Ziele und Mehrwert der Übung klar kommunizieren

□ genügend Zeit für Pausen einplanen

□ kognitive Reize schaffen (Wettbewerbssituation, Belohnungen etc.)

## Schwierigkeitsstufen

In diesem Buch erwartet Sie eine reiche Diktatsammlung, die sich über verschiedene Problemfelder ausdehnt. Von Groß- und Kleinschreibung der Adjektive über Kommasetzung bis hin zur Rechtschreibung von Fremdwörtern ist hier alles dabei, was Kinder nach Abschluss der dritten und vierten Klasse beherrschen sollten. Dabei unterscheiden sich die Diktate nicht nur nach Problemfeldern, sondern auch noch nach ihrem Schwierigkeitsgrad. Die im Buch enthaltenen Stufen – leicht, mittel und schwer – bauen aufeinander auf und ergänzen sich gegenseitig. Je höher man auf die „Schwierigkeitsleiter" klettert, desto länger werden auch die Diktate. Je nachdem, ob das Kind die Diktate direkt ausfüllt oder ganz schreibt, werden neben den jeweiligen Rechtschreibregeln auch zusätzliche Sprachkompetenzen aus den vorangegangenen Kapiteln trainiert. Für ein ganzheitliches Lernerlebnis empfiehlt es sich, erst einmal mit den leichten Diktaten anzufangen und sich dann langsam nach oben zu arbeiten. Das Wichtigste dabei ist, vor dem Üben eine gute theoretische Basis zu schaffen. Mit dem häufigen und sorgfältigen Studium der zugehörigen Rechtschreibregeln sind die hier enthaltenen Diktate auf jeden Fall gut machbar.

### 1. Stufe (leicht)

Diese Stufe eignet sich für absolute Beginner. Die Diktate sind hier meist zwischen 60 und 90 Wörter lang und perfekt für den Einstieg in die Rechtschreibthematik. Nach ein paar Tagen Übung kann das Kind schon zur nächsten Stufe hinübergehen.

### 2. Stufe (mittel)

Die ersten zwei Stufen unterscheiden sich vor allem in der Intensität der gefragten Rechtschreibkenntnisse. In der mittleren Stufe wurde die Wortzahl etwas erhöht – hier beträgt sie zwischen 80 und 100 Wörtern. Nichtsdestotrotz können selbst Kinder, die bisher nur wenige Übungsgelegenheiten in der Schule hatten, relativ einfach und selbstständig mit den Diktaten in dieser Stufe üben.

### 3. Stufe (schwer)

Die Texte der höchsten Stufe zählen in der Regel zwischen 110 und 130 Wörter und sind grammatikalisch und thematisch am anspruchsvollsten. Hier werden unter anderem auch diverse Unterrichtsthemen aus den Schulfächern Geografie, Biologie und Physik behandelt.

Die Texte in der dritten Stufe beinhalten deutlich mehr „Fallen" als die der vorherigen und eignen sich daher vielmehr für Schüler, die bereits erste Erfahrungen mit Diktaten und Rechtschreibung gemacht haben. Erst nach ein paar Wochen Übung ist der Schüler fit genug, um mit der höchsten Stufe anfangen zu können. In dieser kann er sich an der Meisterung kniffliger Ausnahmeregeln versuchen. Für Kinder, die Deutsch als Fremdsprache erlernen, ist die vertiefte Auseinandersetzung mit der mittleren und schweren Stufe geboten.

## DIKTIEREN, ABER RICHTIG!

Diktate können nicht nur für Kinder, sondern manchmal auch für ihre Eltern herausfordernd sein. Häufig wissen Eltern nicht, wie sie mit Diktaten umgehen sollen und wie sie die Kinder für den Lernprozess begeistern können. Eigentlich beginnt alles mit einer guten und vollständigen Vorbereitung. So sollte zum Beispiel vor jeder einzelnen Lerneinheit mit dem Kind ein geeigneter Zeitrahmen vereinbart werden, in welchem es konzentriert an seinen Aufgaben arbeiten soll. Für die tägliche Übung eignet sich eine Zeitspanne von etwa fünf bis fünfzehn Minuten. Aber nicht nur die Dauer der Übung sollte vor Beginn klar benannt werden – auch die Einteilung der Arbeit und Zuständigkeiten, die Inhalte und der thematische Umfang gehören noch davor besprochen.

Kinder, die weniger Erfahrung mit Diktaten haben, können als Erstes mit einfachen Abschreibübungen anfangen und dann mit kürzeren Diktaten in den eigentlichen Lernprozess einsteigen. Wichtig ist außerdem, dass Sie den Sinn eurer gemeinsamen Aktivitäten eindeutig kommunizieren – es sollte sich dabei um eine Übung und nicht um eine

Prüfung handeln. Legen Sie Ihrem Kind nahe, dass Fehler nicht schlimm und am Anfang sogar unvermeidbar sind. Somit haben Sie eine angenehme Arbeitsatmosphäre geschaffen, in der Ihr Kind effizient und sorgenfrei lernen kann. Was den eigentlichen Lernprozess betrifft, ist das sogenannte mentale Aufwärmen genauso wichtig wie das Schaffen guter „Arbeitsbedingungen". Lassen Sie Ihr Kind daher erst einmal den gewählten Text für sich selbst ein paar Mal vorlesen. Besprechen Sie dann gemeinsam den Text: Worum geht es da? Wer tut was? Wo und wie passiert das Ganze? Diese und ähnliche Fragen sorgen für ein tieferes Verständnis des Textes, was eine wichtige Voraussetzung für die Aktivierung des langfristigen Gedächtnisses ist. Denn wenn das Kind tatsächlich versteht, welche Rolle bestimmte Wörter im Satz spielen, kann es sich die Logik hinter den Regeln später viel besser erklären.

Wichtig ist außerdem, dass Sie als Elternteil das Kind auf bestimmte schwierige Wörter im Text aufmerksam machen und ihm erklären, worin genau die „Tücken" bestehen. Nach dem Lesen können Sie sich dann gemeinsam dem Studium der Regeln widmen. Danach darf schon die eigentliche Übung beginnen. Wenn der Text schon bekannt ist, können Sie ohne Weiteres mit dem Diktieren anfangen.

Damit Sie Ihr Kind nicht unnötig überfordern, müssen Sie den Text in verschiedene Sinnabschnitte unterteilen und nach jedem Abschnitt eine kurze Pause machen. Achten Sie darüber hinaus auf eine aufrechte Sitzhaltung – das ist eine der wichtigsten Voraussetzungen für eine deutliche und damit auch kindgerechte Artikulation. Bei Bedarf können Sie einzelne Teile des Textes wiederholt vorlesen. Beobachten Sie Ihr Kind beim Schreiben und passen Sie Ihre Sprechgeschwindigkeit entsprechend an. Signalisieren Sie dem Kind, wenn Sie sehen, dass es gerade dabei ist, ein Wort falsch aufzuschreiben. Lassen Sie es wissen, dass bei diesem Wort Vorsicht geboten ist und dass es überlegen muss. Bitten Sie außerdem den Schüler, das Wort so zu schreiben, wie er es hört, und dann einmal so, wie es nach seinem Befinden richtig geschrieben wird. Mit diesem schlüssigen Verfahren wird ihm der Unterschied zwischen der Logik der gesprochenen und der geschriebenen Sprache klar.

Kommt das Kind selbst nach mehreren Versuchen nicht auf die richtige Schreibweise, dann können Sie ihm das Wort vorschreiben oder direkt im Diktattext zeigen. So vermeiden Sie einerseits Lernfrust und andererseits das Einüben von Fehlern.

Wenn das Kind am Anfang Schwierigkeiten bei der Zeichensetzung hat, können Sie ihm eine kleine Unterstützung geben, indem Sie die Satzzeichen auch noch mitdiktieren. Nach Abschluss des Diktats soll der Schüler außerdem die Chance bekommen, einmal seinen eigenen Text auf Fehler zu überprüfen. Als Nächstes kann er das Geschriebene mit dem Diktattext vergleichen und selbst feststellen, wo noch Nachholbedarf besteht. Am Ende sollen Sie sich den geschriebenen Text in Ruhe durchlesen und schauen, ob bei den Fehlern bestimmte Muster gefunden werden können. Die Rechtschreibung von schwierigen Wörtern kann aber nicht nur mit Diktaten, sondern auch mit anderen Methoden geübt werden. Eine davon ist die Fingermethode, bei der das Kind ein kniffliges Wort mit geschlossenen Augen mit den Fingern auf den Tisch schreiben muss. Eine andere Variante wäre die Methode des lauten Sprechens, bei der das Kind die richtige Schreibweise der Wörter aussprechen soll. So lernt der Schüler die Rechtschreibung bestimmter Wörter nicht nur über das Sehen, sondern auch noch über das Hören.

Wünschenswert wäre außerdem, dass Sie sowohl häufig gemachte Fehler als auch frisch gelernte Wörter aus den jeweiligen Sitzungen auf ein Blatt Papier oder auf einzelne Karteikarten schreiben. Insbesondere Wörter, die immer wieder für Schwierigkeiten sorgen, erfordern mehr Aufmerksamkeit seitens des Lernenden. Sie können auf Wunsch dem Schüler ein kinderfreundliches und ansprechendes System anbieten, mit dem Sie den Überblick über seinen Lernfortschritt ganz einfach im Auge behalten. Mit Hilfe der sogenannten Lernboxen lassen sich Karteikarten in verschiedenen Kategorien organisieren. Es gibt verschiedene Fächer, in welche Sie Kärtchen mit problematischen, übungsbedürftigen und bereits gelernten Wörtern legen können. Auf der Vorderseite der Kärtchen befinden sich dann normalerweise Wörter mit auszufüllenden Lücken, während auf der Rückseite die Lösungen und ein paar nützliche Rechtschreibtipps stehen. Je mehr Wörter aus den anderen zwei Fächern am Ende in das Fach der bereits gelernten gelangen, desto größer ist dann schließlich der Lernfortschritt des Kindes. Die Lernboxen sind klein und kompakt und können überallhin mitgenommen werden. Diese können Sie sowohl im Einzelhandel kaufen als auch zusammen aus Karton basteln. Mit dieser einfachen Methode gelingt das Lernen wie ein Kinderspiel! Den Anfang und das Ende jeder nächsten Lerneinheit widmen Sie dann der Wiederholung, damit das Wesentliche auch lange Zeit danach hängen bleibt. So können Sie den langfristigen Lernerfolg Ihres Kindes über die Zeit verfolgen und auf einem guten Niveau halten.

**Vor, während und nach dem Diktat – eine Checkliste für Eltern, Erzieher oder Lehrer:**

☐ den **zeitlichen** und **thematischen** Umfang der Übung zusammen festlegen und sich gegenseitig daran halten

☐ **Einteilung** der Arbeit und Zuständigkeiten im Vorfeld besprechen

☐ eine angenehme **Arbeitsatmosphäre** schaffen

☐ das Kind den Text ein paar Mal für sich selbst **lesen** lassen

☐ den Text gemeinsam **besprechen**: Worum geht es da eigentlich? Welche Wörter sind hier besonders schwierig?

☐ Text in **Sinnabschnitte** einteilen und diktieren

☐ auf aufrechte **Sitzhaltung** und **verständliches** Diktieren achten

☐ **Sprechgeschwindigkeit** dem Schreibtempo des Kindes anpassen

☐ während des Diktats auf **Fehler** hinweisen und zum Nachdenken anregen

☐ das Kind erst mal den eigenen Text **überprüfen lassen**; anschließend Nachkontrolle

☐ nach **Fehlermustern** im geschriebenen Text suchen

☐ schwierige Wörter auf **Karteikarten** aufschreiben; diese vor Beginn der nächsten Lerneinheit nochmal besprechen

# Diktatsammlung

## GROẞ- UND KLEINSCHREIBUNG

| **Regeln** |
|---|
| **Großgeschrieben** werden im Deutschen<br>• *Eigennamen* (wie „Lena“)<br>• *Titel* (wie „Prinz“)<br>• *Nomen* (wie „Fluss“)<br>• *Zählwörter* (wie „Meter“ und „Gramm“)<br>• einzelne *Buchstaben* (wie „A” und „O”)<br>• *Zahlen* in Form einer *Bezeichnung* (wie „die Sieben”) und<br>• *Verben und Adjektive*, aus denen ein Nomen gebildet wurde (wie das „Sehen” oder das „Gute”).<br>• Außerdem beginnt jeder *neue Satz* mit einem Großbuchstaben.<br><br>**Kleingeschrieben** werden hingegen<br>• alle *normalen Adjektive* (wie „groß”)<br>• *Umstandswörter* (wie „gestern” oder „daneben”)<br>• die *Artikel der Nomen* („der“, „die“ oder „das“)<br>• *Grundzahlen* (wie „zehn”)<br>• *Partizipien* (wie „lernend”)<br>• normale Verben (wie „schwimmen”)<br>• *trennbare* Verben (wie im Beispiel „Er nimmt teil” - teilnehmen)<br>• Verhältniswörter (wie „auf” oder „in”) und<br>• *Pronomen* (wie „du“ oder „er”). |

# Diktate

## Schwierigkeitsstufe: leicht

### Der erste Schultag

bit.ly/3x0hsLw

*Link oder QR-Code zum Audio-Diktat*

Die Schule beginnt jedes Jahr im Herbst. Für Erstklässler bedeutet das eine völlig neue Welt: neue Freunde, neue Gewohnheiten, neue Kenntnisse. Zu Beginn der ersten Stunde begrüßt Frau Müller die kleinen Schüler herzlich. Dann beginnt der Unterricht. Das Alphabet und die Zahlen kennen die Kinder von früher. Jetzt müssen sie noch das Schreiben und das Kopfrechnen lernen.

**Wortanzahl: 60**

### Der Osterhase

bit.ly/3Q3vFPx

*Link oder QR-Code zum Audio-Diktat*

Jedes Jahr zu Ostern bekommen wir lieben Besuch vom Osterhasen. Er bemalt Ostereier mit bunten Farben und versteckt sie gut in unserem Garten. Am Ostersonntag begeben wir uns dann auf die Suche nach den Eiern. Dabei sind wir jedes Mal erstaunt, denn statt Ostereier finden wir immer Schokoeier im Gras. Den Osterhasen haben wir aber bis heute nie gesehen.

**Wortanzahl: 62**

## Das magische Klassenzimmer

Ich liebe mein Klassenzimmer. Hier habe ich jeden Tag viel Spaß. In diesem Klassenzimmer habe ich meine Lieblingsmärchenfiguren zum ersten Mal kennengelernt. Während der Schulpause gehe ich mit meinen Mitschülern auf den Schulhof. Wenn die Schulklingel läutet, gehen wir zum Klassenzimmer zurück. Jetzt ist es Zeit für Kunst, das Lieblingsfach jedes Kindes. Mit Farben und Formen träumen wir in den Tag hinein.

bit.ly/3PO7Rip
*Link oder QR-Code zum Audio-Diktat*

**Wortanzahl: 65**

## Die Kuckucksuhr

An der Wand in unserem Wohnzimmer hängt eine kleine Kuckucksuhr. Diese hat mir mein Vater von seinem letzten Urlaub im Schwarzwald mitgebracht. Immer, wenn ich auf diese Uhr gucke, stelle ich mir vor, wie es eigentlich wäre, einmal dort hinzufahren. Ich habe von meinem Vater gehört, dass die Schwarzwälder Kirschtorte die leckerste von allen sein soll. Eines Tages muss ich mich selbst davon überzeugen.

bit.ly/3PWOjbJ
*Link oder QR-Code zum Audio-Diktat*

**Wortanzahl: 66**

## Schwierigkeitsstufe: mittel

### Der sprechende Teddy

Prinz Felix ist mein Lieblingskuscheltier. Mein kleiner Teddybär und ich üben täglich das Kopfrechnen. Seit einiger Zeit bekomme ich nur Einser in Mathe, worüber alle erstaunt sind. Was sie aber nicht wissen, ist, dass mir Felix täglich bei den Hausaufgaben hilft. Spielend erklärt er mir Zahlenmauern, Gleichungen und Textaufgaben. Mathe ist aber nicht das Einzige, was er kann. Gestern war ich mit ihm auf einer Party. Auf Partys ist Felix sehr beliebt. Du fragst dich, warum? Weil er immer lustigste Witze erzählt.

bit.ly/3M9SmOu

*Link oder QR-Code zum Audio-Diktat*

**Wortanzahl: 85**

### Der indische Tiger

Der Bengal-Tiger ist eines der größten Raubtiere auf unserer Erde. In Indien, der Heimat der gestreiften Katzen, leben zurzeit rund dreitausend Tiger. Weltweit gab es vor hundert Jahren noch hunderttausend davon. Wegen des niedrigen Bestands des Tigers spricht man heute von einer bedrohten Tierart. Der Tiger steht unter dem Schutz vieler internationaler Organisationen. In der Wildnis muss er selbst für sein Essen sorgen. In den Tierparks hingegen genießt er spezielles und nährreiches Futter, deswegen geht es ihm zurzeit selbst in Gefangenschaft mehr als gut.

bit.ly/3M66Wqn

*Link oder QR-Code zum Audio-Diktat*

**Wortanzahl: 87**

## Schwierigkeitsstufe: schwer

### Die heiligen Stätten Jerusalems

bit.ly/3GBJSPf
*Link oder QR-Code zum Audio-Diktat*

Der Tempelberg in Jerusalem gehört zu einem der prägendsten Wahrzeichen der Heiligen Stadt. Hier befindet sich eine der wichtigsten Gebetsstätten der drei großen Weltreligionen: des Christentums, des Islam und des Judentums. Auf dem Tempelberg kann man unter anderem auch die berühmte Klagemauer und den Felsendom besichtigen. Der Tempelberg steht symbolisch für die friedliche Koexistenz der verschiedenen Religionen. Aber leider wird er seit Jahren von Unruhen erschüttert, denn er gehört nach wie vor zu einem der umstrittensten religiösen Gebiete auf der Welt. Im Jahr 2014 hat Papst Franziskus den Tempelberg als Teil seiner Nahost-Reise besucht. Dabei hat er an die Menschen vor Ort appelliert, den Frieden zu wahren und sich nicht spalten zu lassen.

**Wortanzahl: 117**

### Der Wasserkreislauf

bit.ly/3x181uf
*Link oder QR-Code zum Audio-Diktat*

Wasser ist unsere wertvollste erneuerbare Ressource. Bevor es aber den Wasserhahn erreicht, muss es einen langen Weg gehen. Diesen Weg nennt man Wasserkreislauf. Wenn es regnet, fällt Wasser von den Wolken auf die Erde. Dann sammelt sich das Ganze und bildet verschiedene Gewässer wie Seen und Flüsse. Wenn die Sonne auf den See scheint, verwandelt sich ein Teil des Wassers in Dunst. Dieser steigt dann auf und sammelt sich in Form kleiner Wassertröpfchen in den Wolken. Wenn die Wolken dann schwer genug werden, kommt es wieder zu Regen. Wenn die Erde das gefallene Wasser nicht mehr halten kann, kommt dieses wieder an die Oberfläche. Der ganze Prozess wiederholt sich kontinuierlich, was uns den Zugang zu frischem Trinkwasser garantiert.

**Wortanzahl: 120**

## Blitzmerker-Kästchen

Im Regelfall wird kleingeschrieben, Großschreibung ist die Besonderheit.

| **Wortart** | **Beispiel** | **Groß oder klein?** |
|---|---|---|
| Verben | essen | klein |
| Adjektive | spaßig | klein |
| Adverbien | nachher | klein |
| Artikel | der | klein |
| Pronomen | euch | klein |
| Partizipien | weinend | klein |
| Präpositionen | unter | klein |
| Nomen | Maus | groß |
| Substantivierungen | Beim Gehen | groß |

| **Wortart** | **Beispiel** | **Groß oder klein?** |
|---|---|---|
| Satzanfänge | Ich las. | groß |
| Anredepronomen | für Sie? | groß |
| Eigennamen | Eiffelturm | groß |

## Regeln

**Substantivierte Verben** sind Verben, aus denen **Nomen** gebildet wurden. So kann man zum Beispiel aus dem Verb „hören" das Nomen „das Hören" bilden. Genauso wie jedes andere Nomen werden auch die sogenannten substantivierten Verben **großgeschrieben**. Eigentlich kann man aus jedem Verb ein Nomen bilden. Relativ betrachtet ist es aber häufig besser, zum Beispiel das Nomen „der Kauf" statt der Substantivierung „das Kaufen" in deinem Text zu benutzen.

## Diktate

**Schwierigkeitsstufe: leicht** 

### Der menschliche Körper

Unser Körper hat viele nützliche Funktionen, die uns das tägliche Leben erleichtern. So können wir durch das Sehen bestimmte Objekte identifizieren. Durch das Hören können wir Geräusche und Informationen wahrnehmen. Dank des Riechens und Schmeckens genießen wir unser Essen und Trinken. Nicht an letzter Stelle können wir mit dem Sinn des Tastens auch die Umarmungen unserer Lieblingsmenschen spüren.

https://bit.ly/3DQP15f
*Link oder QR-Code zum Audio-Diktat*

Wortanzahl: 61

## Schüler und Hausaufgaben

bit.ly/3NlZhWc
*Link oder QR-Code zum Audio-Diktat*

Die meisten Schulkinder mögen keine Hausaufgaben. Für sie ist das Schreiben davon nichts mehr als reine Zeitverschwendung. Wenn es aber auf einmal keine Hausaufgaben mehr geben würde, würde dadurch viel verloren gehen. Denn eigentlich dient das Hausaufgabenmachen dem Festigen und Üben von bereits Gelerntem. Insofern sind Hausaufgaben als ein wichtiger Teil des Lernprozesses zu verstehen. Also sind Hausaufgaben nichts Lästiges, sondern etwas ganz Tolles!

**Wortanzahl: 67**

## Mein Fahrrad und ich

bit.ly/3z895Pp
*Link oder QR-Code zum Audio-Diktat*

Mein Lieblingshobby ist das Radfahren. Täglich fahre ich mit meinem Fahrrad zur Schule. Nach einer langen Woche voller Lernen freue ich mich immer auf das Wochenende. Ich treffe mich dann mit meinen Freunden zum Picknicken auf der Wiese vor unserem Haus. Wir unterhalten uns oft über das Leben als Drittklässler und unsere Träume. Wenn all das vorbei ist, wartet mein Fahrrad am Montagmorgen wieder auf mich.

**Wortanzahl: 70**

### Origami

In Japan wird das Papierfalten als eine Art Kunst begriffen. Allerdings ist das Basteln verschiedener Figuren keine typisch japanische Tradition. Die Geschichte von Origami lässt sich bis in das sechste Jahrhundert nach Christus zurückverfolgen. Im Jahr 610 wurde Papier das erste Mal von chinesischen Mönchen nach Japan gebracht. In China war das Figurenfalten noch lange davor ein gewöhnlicher Brauch, der vor allem auf offiziellen Zeremonien ausgeübt wurde.

bit.ly/392Y6MH

*Link oder QR-Code zum Audio-Diktat*

**Wortanzahl: 68**

## Schwierigkeitsstufe: mittel

### Eine ausgewogene Ernährung

Sich gesund zu ernähren ist eines der einfachsten Dinge, die man für seine Gesundheit tun kann. Wer stark und selbstbewusst werden will, muss täglich vitaminreiches Essen zu sich nehmen. Proteine, Ballaststoffe und Mineralstoffe dürfen auf deinem Speiseplan ebenfalls nicht fehlen. Wer aber zu viel Fett und Öle konsumiert, kann schnell und ungewollt zunehmen. Um sein Gewicht in gesunden Grenzen zu halten, muss man regelmäßig zum Training gehen. Eine gute und richtige Ernährung hilft aber nicht nur beim Abnehmen, sondern auch bei der Aufrechterhaltung einer fröhlichen Stimmung.

bit.ly/3x4KppK

*Link oder QR-Code zum Audio-Diktat*

**Wortanzahl: 89**

## Im Restaurant

Beim Spazierengehen mit meiner Schwester gestern habe ich ein neues Restaurant entdeckt. Auf den ersten Blick schien es nicht besonders vornehm zu sein. Erst nach längerem Hinschauen wurde mir klar, dass es sich eigentlich um eine Fast-Food-Kette handelt. Das Essen sah trotzdem unglaublich lecker aus, was uns zum Kauf angeregt hat. An der Kasse hat uns der Mitarbeiter gefragt, ob wir zum Hieressen oder zum Mitnehmen bestellen wollen. Zuerst konnten wir beide nicht verstehen, was er damit meinte. Jetzt weiß ich aber, was der eigentliche Sinn hinter Fast Food ist.

bit.ly/3x73zuZ

*Link oder QR-Code zum Audio-Diktat*

**Wortanzahl: 91**

## Schwierigkeitsstufe: schwer

bit.ly/3NazBfm

*Link oder QR-Code zum Audio-Diktat*

## Ein ungewöhnliches Schuljahr

In diesem Schuljahr wird sich für uns Schüler vieles verändern. An unserer Schule ist im Sommer eine neue Schulverordnung abgestimmt worden. Der Anlass dafür war ein seltsamer Unfall, der sich Anfang letzten Herbstes ereignet hat. Da sich damals ein Viertklässler beim Tragen von Schulbüchern schwer verletzt hatte, ist das Mitbringen in die Schule ab sofort streng verboten. Zum Aufbewahren unserer Schulbücher wurden dieses Jahr Schließfächer in den Klassenzimmern installiert. Außerdem ist das Schreiben mit Kugelschreibern nicht mehr erlaubt, weil sich ein Mädchen aus der Parallelklasse beschwert hatte, dass sie durch das Einatmen der Tinte regelmäßig krank geworden ist. Ein ganzes Schuljahr ohne Bücher und Stifte? Da hätten die meisten Schüler sicherlich nichts dagegen.

**Wortanzahl: 116**

## Die Erdrotation

bit.ly/3MbShtI
*Link oder QR-Code zum Audio-Diktat*

Unsere Erde bewegt sich ständig um sich selbst. Durch dieses kontinuierliche Drehen wechseln sich der Tag und die Nacht ab. Unser Planet dreht sich aber auch um die Sonne. Beim Umkreisen der Sonne wechseln auch die Jahreszeiten. Wegen des jeweils unterschiedlichen Fallens der Sonnenwinkel an verschiedenen Orten kommt es mehrmals jährlich zu einem seltsamen Phänomen: Dadurch, dass die Sonnenstrahlen nicht alle Orte gleichzeitig und in gleichem Maße erreichen können, kann in einem weit entfernten Teil der Welt der Winter beginnen, während bei uns der Sommer gerade erst anbricht. Interessant ist außerdem die Tatsache, dass das Leben im Mittelalter vom Glauben an die sogenannte Erdscheibe geprägt war. Dieser Mythos wurde allerdings von Magellan gebrochen, der beim Umsegeln der Erde doch nicht von ihrem Rand stürzte.

Wortanzahl: 126

### Blitzmerker-Kästchen

Substantivierungen werden immer großgeschrieben.
Achte auf die Signalwörter
*alles, nichts, allerlei, wenig, genug, viel* und *etwas.*
Andere Signalwörter sind *kein, durch, ohne* und *vorangestellte Adjektive* wie **beängstigendes** Bellen oder **nerviges** Schnarchen.
Vorangestellte Adverbien zeigen einen Infinitiv an, der kleingeschrieben wird!

- **Lautes** Lachen – **laut** lachen

Infinitivkonstruktionen mit *zu* werden kleingeschrieben.

- Da gab es etwas zu lachen.

# DER DEHNUNGSLAUT „H"

## Regeln

**Der Dehnungslaut „H"** kann in einem Wort entweder *stumm* oder *laut* sein. Bei Wörtern mit lang gesprochenen Vokalen (wie „Zeh" oder „Schuh") kann man den Auslaut „H" gut hören. Bei Wörtern wie „Stuhl" oder „Lehrer" kann man das „H" hingegen nicht hören. Dieses H wird aber immer **vor den Buchstaben *l, m, n* und *r*** geschrieben, denn damit wird ein lang gesprochener Vokal signalisiert. Ein Beispiel dafür wären Wörter wie „nehmen" oder auch „wohnen".

Allerdings gibt es auch Wörter, die lang gesprochen werden, aber **kein H** aufweisen. Solche **Ausnahmewörter** sind zum Beispiel *„Schule", „Krone", „Bibel", „Tiger", „Liter", „Kino" und „Kilo"*. Hier wird kein „H" geschrieben, weil sie mit den Buchstabenkombinationen „sch" und „kr" beginnen.

Auch in Wörtern, die mit den Buchstaben *t, sp, kl, p, gr und qu* beginnen, kommt der Dehnungslaut „H" in der Regel **nicht** vor. Trotz des fehlenden Buchstabens werden die Vokale in diesen Wörtern lang ausgesprochen.

hörbarer „H"-Laut:

- bei Wörtern mit lang gesprochenem Vokal am Wortende („Zeh", „Schuh")

stummer „H"-Laut:

- bei Wörtern mit lang gesprochenem Vokal im Wortinneren, wenn der Buchstabe *l, m, n* oder *r* folgt („Stuhl", „wohnen")

Ausnahme: kein „H"-Laut trotz lang gesprochenem Vokal

- bei Wortanfängen mit *sch* und *kr* („Schule", „Krone")
- i. d. R. bei Wortanfängen mit *t, sp, kl, p, gr* und *qu*

# Diktate

## Schwierigkeitsstufe: leicht

### Ein norddeutsches Leben

Unsere Tante wohnt in Hamburg. Sie ist vor zwei Monaten in die Hansestadt gezogen. Immer wenn ich sie frage, warum sie unser schönes Bayern verlassen hat, antwortet sie mir: „Keine Ahnung. Ich wollte einfach eine Veränderung in meinem Leben." Wir vermissen sie sehr, aber ihr Wohlbefinden steht für uns an erster Stelle. Und wie wir mitbekommen haben, geht es ihr in Hamburg wirklich prima.

bit.ly/3x7n5aY
*Link oder QR-Code zum Audio-Diktat*

**Wortanzahl: 67**

### Stadt versus Land

Ich komme aus einem kleinen Dorf in der Nähe von Stuttgart. Für mein Studium bin ich nach Karlsruhe gezogen, weil ich dort einen Studienplatz bekommen habe. Allerdings muss ich zugeben, dass das Leben auf dem Land viel ruhiger war. Auf der Wiese vor unserem Haus habe ich morgens oft spielende Rehe gesehen. Hier wache ich aber nur mit dem Krächzer der Raben und Krähen auf.

bit.ly/3wYRoPD
*Link oder QR-Code zum Audio-Diktat*

**Wortanzahl: 68**

### Die innere Welt der Emotionen

bit.ly/38UMJ9H
*Link oder QR-Code zum Audio-Diktat*

Emotionen sind etwas Kompliziertes. Ich kann einfach nicht verstehen, wie es möglich sein könnte, so viele verschiedene Gefühle an einem Tag zu verspüren. Heute war ich den ganzen Morgen verstimmt. Also habe ich die Badewanne mit Wasser gefüllt und mich für eine Weile hineingelegt. Gegen Mittag war ich dann von Hochstimmung erfüllt. Schließlich kam am Abend die Apathie. Emotional sein hat eben seine Höhen und Tiefen.

**Wortanzahl: 71**

## Schwierigkeitsstufe: mittel

### Die tollste Jahreszeit

bit.ly/3zbfhWR
*Link oder QR-Code zum Audio-Diktat*

Weihnachten ist das Lieblingsfest aller Kinder. Dann gibt es erst einmal eine lange Pause von der Schule, in der sich die Kinder ein bisschen ausruhen können: Heiße Schokolade vor dem Kamin trinken, Schneemänner bauen, Schlitten fahren, wie kann man all dem widerstehen? In der Nacht vor Weihnachten kommt dann der Weihnachtsmann und bringt Geschenke für die braven Kinder. Für die Bescherung wird er von den Kindern reichlich belohnt: mit leckeren Keksen und Milch. Darüber freut er sich sehr und besucht sie nächstes Jahr wieder.

**Wortanzahl: 87**

### Meine letzten Sommerferien

bit.ly/3PPJyAJ

*Link oder QR-Code zum Audio-Diktat*

Die Zeit vergeht manchmal schneller, als man denkt. Früher habe ich immer davon geträumt, endlich erwachsen zu sein. Jetzt wünsche ich mir aber, ich könnte die Uhr zurückdrehen und in die Zeit meiner Kindheit zurückgehen. Wenn ich zum Beispiel an meine letzten Sommerferien denke, verspüre ich ein unbeschreiblich fröhliches Gefühl in mir. Das war die Zeit meiner blühenden Jugend. Es war eine Wonne, jeden Tag von den Strahlen der Sonne geweckt zu werden, sich jung zu fühlen und ein Leben voller Geschehnisse zu führen. Ein wahr gewordener Traum.

**Wortanzahl: 91**

## Schwierigkeitsstufe: schwer

bit.ly/38D536S

*Link oder QR-Code zum Audio-Diktat*

### Die Klassensprecherwahl

Eigentlich wollte ich schon immer Klassensprecher werden. Ich besitze nämlich mehrere Fähigkeiten, die mich zum perfekten Klassensprecher machen: Ich bin selbstbewusst, redegewandt und einsatzbereit. Als unsere Klasse dann einen Klassensprecher bestimmen sollte, wurde ich von unserer Deutschlehrerin vorgeschlagen. Von der Seite der Klasse kam aber noch ein weiterer Vorschlag. Also musste ich in einem Rhetorik-Duell gegen das beliebteste Mädchen in unserer Klasse antreten, und das ohne jegliche Vorbereitung! Meine Strategie war es, eine berührende Geschichte zu erzählen und die anderen damit emotional abzuholen. Das hat glücklicherweise geklappt und so wurde ich schließlich zum Klassensprecher ernannt. Nun wissen meine Mitschüler, dass sie in schwierigen Zeiten immer auf mich zählen können. Mehr kann ich mir als Klassensprecher eigentlich nicht wünschen.

**Wortanzahl: 120**

## Die Deutsche Bahn

bit.ly/3ahSVbK
*Link oder QR-Code zum Audio-Diktat*

Die Deutsche Bahn wurde im Jahr 1994 gegründet und zählt seitdem zu den größten Unternehmen in der deutschen Verkehrsindustrie. Der Konzern ist Eigentümer von mehr als dreihundert Hochgeschwindigkeitszügen. In letzter Zeit fallen allerdings viele Fahrten aus, weil die Lokomotivführer in einen mehrtägigen Streik getreten sind. Die Lokführer fordern bessere Gehälter und gerechtere Arbeitsbedingungen vom Staat. Das kann aber auch zu höheren Gebühren im Fernverkehr führen. Denn die Arbeit, die die Lokführer leisten, ist tatsächlich von außerordentlicher Bedeutung für den normalen Bürger. Menschen müssen täglich von A nach B kommen. Die Bahn bringt sie ans Ziel und ermöglicht ihnen somit günstige Beförderungsmöglichkeiten. Wenn der Staat den Forderungen der Lokführer nicht nachkommt, wird die Gefahr eines ohnmächtigen Systems immer näher rücken.

Wortanzahl: 122

### Blitzmerker-Kästchen

Das stumme h, das freut uns sehr, steht meist vor **l, m, n** und **r.**

**einmal h, immer h** – Gefühl, fühlen, fühlbar, gefühlt.

In der Wortfamilie bleibt das Dehnungs-H in allen Formen bestehen.

| *Merkwörter* | | |
|---|---|---|
| Namen | Maschine | holen |
| nämlich | Los | Moos |
| Weihnachten | Draht | |
| Schuh | Naht | |

## ADJEKTIVE – GROß ODER KLEIN?

### Regeln

**Adjektive** werden normalerweise **kleingeschrieben**. Das wäre zum Beispiel der Fall bei Wortkombinationen wie „die *s*chöne Frau" oder „der lustige Junge". Es gibt aber auch ein paar **Ausnahmen** von dieser Regel: So werden zum Beispiel die sogenannten *substantivierten Adjektive* **großgeschrieben**. Das sind Adjektive, die in *Nomen* verwandelt wurden. Ein Beispiel dafür ist das substantivierte Adjektiv „der Lustige". Man kann dieses benutzen, wenn man etwa auf einen bestimmten lustigen Menschen Bezug nehmen will, ohne dabei nähere Angaben über ihn zu machen. Wenn wir aber Menschen mit verschiedenen Qualitäten *miteinander vergleichen* wollen, müssen wir schon klarmachen, dass es sich hier um zwei Jungen handelt. Dann sagen wir: „Der lustige Junge ist geselliger als der ***e***rnste." Da wir uns bei diesem Vergleich auf den bereits *genannten* Jungen beziehen, wird das Adjektiv „ernst" **kleingeschrieben**. Dasselbe gilt, wenn wir statt eines Vergleiches den Superlativ benutzen und einfach sagen: „Der lustige Junge ist am geselligsten". Etwas anders sieht es aber aus, wenn *der Superlativ selbst ein substantiviertes Adjektiv* ist. Daher muss in einem Satz wie „Die Gesundheit ist das **W**ichtigste" das Wort „Wichtigste" **großgeschrieben** werden. Wenn aber in einem ähnlich aufgebauten Satz das substantivierte Adjektiv „meiste" benutzt wird, darf dieses ausnahmsweise auch kleingeschrieben werden. Gleichzeitig darf man das Wort „anderes" in Kombination mit Bezugswörtern wie „etwas" oder „nichts" auch großschreiben, obwohl die Kleinschreibung viel üblicher ist. Wenn vor einem substantivierten Adjektiv eine *Mengenangabe* wie „viel" oder „alles" steht, wird das Adjektiv in der Regel **großgeschrieben**. Ein Beispiel dafür ist der Ausdruck „alles **G**ute zum Geburtstag". Dasselbe betrifft auch *substantivierte Adjektive*, vor denen die Präposition „in" steht. Auf diese Weise werden zum Beispiel Wortgefüge wie „im **G**roßen und **G**anzen" und „im **A**llgemeinen" gebildet.

# Diktate

## Schwierigkeitsstufe: leicht

### Meine neue Lehrerin

bit.ly/3NMFWNR

*Link oder QR-Code zum Audio-Diktat*

Unsere Klasse hat seit gestern eine neue Lehrerin. Sie ist schön und klug und erklärt uns den Stoff gut. Immer wenn wir Schwierigkeiten haben, hilft sie uns gerne und viel. Unsere neue Lehrerin ist einfach die Beste! Sie gibt uns nicht so viele Hausaufgaben und lässt uns auch mal spielen, wenn wir müde vom Lernen werden. Das Wichtigste ist aber, dass sie uns bei allem unterstützt.

**Wortanzahl: 69**

### Zwei beste Freundinnen

bit.ly/3tad0r7

*Link oder QR-Code zum Audio-Diktat*

Maria und Sarah sind seit der ersten Klasse beste Freundinnen. Maria ist schüchtern und zurückhaltend, während Sarah mutig und aufgeschlossen ist. Deswegen muss die eine die andere immer dazu überreden, aus ihrer Komfortzone auszubrechen und neue Menschen kennenzulernen. Obwohl Sarah die Selbstbewusstere von den beiden ist, ist sie häufig auf die guten Ratschläge von Maria angewiesen. Eine Freundschaft funktioniert nämlich nur dann gut, wenn man sich gegenseitig hilft.

**Wortanzahl: 71**

### Das beste Geschenk

bit.ly/3anCJWz
*Link oder QR-Code zum Audio-Diktat*

Mit meiner besten Freundin bin ich schon seit 5 Jahren befreundet. Am ersten Schultag in der dritten Klasse hat unsere Lehrerin angekündigt, dass wir eine neue Schülerin bekommen. Sie hat sich in der Pause zu mir gesetzt und meinte, ich wäre ihr von allen am sympathischsten gewesen. Es war ihr Geburtstag und alles, was sie sich wünschte, war eine gute Freundin. Was sie dann bekommen hat, war das beste Geschenk ihres Lebens.

Wortanzahl: 75

## Schwierigkeitsstufe: mittel

### Der Berliner Zoo

bit.ly/3x7UPF3
*Link oder QR-Code zum Audio-Diktat*

Letztens habe ich mit meiner Mutter den wunderschönen Berliner Zoo besucht. Dort haben wir allerlei lustige Tiere gesehen. Am lustigsten waren die Pinguine, die so komisch gelaufen sind, dass wir uns auf fast nichts anderes mehr konzentrieren konnten. Im Zoo haben wir auch viele Löwen gesehen. Die Größeren haben die Kleinen immer dann beschützt, wenn ihnen ein neugieriger Mensch ein bisschen zu nahe gekommen war. Am besten haben mir aber die Pandas gefallen. Für mich gibt es wahrscheinlich keine anderen Tiere, die auch nur annähernd so niedlich sind wie sie.

Wortanzahl: 93

### Auf Safari in Afrika

bit.ly/3NbfUns
*Link oder QR-Code zum Audio-Diktat*

Mein größter Traum im Leben war immer, Afrika zu besuchen. Eines Tages wurde er endlich wahr. Ich hatte die unglaubliche Möglichkeit, in Kenia auf eine Safari zu gehen. An das meiste, was ich dort gesehen habe, werde ich mich mein ganzes Leben lang erinnern. Dort habe ich großartige Tiere wie Elefanten und Giraffen zum ersten Mal zu Gesicht bekommen. Das Großartigste, was ich in Kenia erlebt habe, war eine nahe Begegnung mit einem wilden Zebra. Es gibt nichts anderes in meinem Leben, was ich lieber noch einmal erleben würde als diese wunderschöne Zeit.

**Wortanzahl: 97**

## Schwierigkeitsstufe: schwer

### Das Leben der Reichen und Schönen

bit.ly/3N57IVU
*Link oder QR-Code zum Audio-Diktat*

Als ich klein war, habe ich gerne kitschige Hollywood-Filme geguckt. Ich habe mir immer vorgestellt, wie es sein würde, eines Tages im Körper einer berühmten Schauspielerin oder eines Multimillionärs aufzuwachen. Ich war ziemlich besessen vom Lebensstil der Erfolgreichen und Mächtigen und wollte eines Tages genauso wie sie leben. Heute bin ich älter und hoffentlich auch ein Stück weiser. Und ich kann mir eben nicht mehr vorstellen, prominent zu sein. Denn ich will nicht wie eine Gefangene leben und mir alles von meinen Managern oder sonstigen Vorgesetzten vorschreiben lassen. Ich will selbstbestimmt durch das Leben gehen und meine eigenen Entscheidungen treffen, auch wenn sie nicht immer die besten oder gar klügsten sein mögen.

**Wortanzahl: 118**

## Eine Tafel Freude

bit.ly/3M7ZniU
*Link oder QR-Code zum Audio-Diktat*

Schokolade gehört zu einem der gefragtesten Lebensmittel in Deutschland. Bevor die kleinen Täfelchen allerdings die Regale in den Supermärkten erreichen, muss die leckere Ware erst mal produziert werden. Im Großen und Ganzen handelt es sich bei der Schokoladenherstellung um einen komplizierten Prozess, der mit der Verarbeitung der Kakaobohnen beginnt. In Schokolade ist aber außer der aus Kakaobohnen gewonnenen Masse auch noch Kakaobutter enthalten. Letztere wird durch das Abpressen von gerösteten Kakaokernen hergestellt. Am Ende wird alles mit Zucker, Milch und Gewürzen vermischt. Nach der Verpackung wird das Produkt im Allgemeinen sofort als fertige Ware an die Verbraucher geliefert. Das Transportieren der gebrauchsfertigen Lebensmittel zählt schließlich zu einem der einfachsten Vorgänge im gesamten Herstellungsprozess. Das meiste wird dann nach Europa und Nordamerika geliefert, wo die Schokoladenmärkte tatsächlich die größten der Welt sind.

Wortanzahl: 134

### Blitzmerker-Kästchen

Signalwörter für substantivierte Adjektive sind:

- **Mengenangaben**: alles, nichts, etwas, wenig, viel, genug, manches, einiges, allerlei, ...
  - o spannend – Im Tierpark habe ich viel Spannendes gesehen.
- **Artikel**: der, die, das
  - o toll – das Tollste an dem Film war der Hauptdarsteller.
- **Präposition**: an, auf, bei, in, von, ... / Präposition + Artikel: in + dem = im, von + dem = vom, zu + der = zur, ...
  - o gelb – Sortiere es bitte ins Gelbe ein.

Eigennamen und feste Wortverbindungen werden großgeschrieben.

## SS ODER ß?

### Regeln

Ob ein Wort mit **S, SS oder ß** (Eszett) geschrieben wird, ist in der deutschen Rechtschreibung **genau definiert**. Deswegen existieren hier nur noch wenige Ausnahmen.

Ein **einfaches S** wird zum Beispiel immer vor den Buchstaben *t, p* und *ch* geschrieben, wobei die Lautkombinationen „st", „sp" und „sch" entstehen. Aufmerksamkeit ist aber durchaus bei Wörtern geboten, die den stimmlosen S-Laut in ihrer gebeugten Form *verlieren*. Spricht man zum Beispiel die Grundform „Haus" und die gebeugte Form „Häuser" nacheinander aus, wird die akustische Veränderung des S-Lautes deutlich. In solchen Fällen wird **sowohl die Grund- als auch die gebeugte Form** mit einem **S** geschrieben.

Ein **ß** schreibt man hingegen immer dann, wenn auf einen lang ausgesprochenen Vokal, Umlaut oder Doppellaut wie „au" und „ei" ein stimmloser S-Laut folgt. Das ist zum Beispiel bei den Wörtern „Gruß" und „Straße" der Fall. Eine Ausnahme von dieser Regel stellen die Wörter „Bus" und „los" dar. Ist der Vokal vor dem S-Laut aber *kurz* (wie beispielsweise beim Wort „nass"), so wird das S immer **verdoppelt**. Diese Regel gilt nicht nur für den S-Laut, sondern auch für alle anderen Konsonanten. Außerdem wird bei Wörtern, die auf **-as, -is** oder **-os** enden, der Endkonsonant **in der Pluralform verdoppelt**. Deswegen schreibt man Wörter wie „Hindernisse" und „Zeugnisse" mit einem Doppel-S am Ende. Nicht selten stößt man auch auf Wörter, die sogar mit **drei S** geschrieben werden. Das passiert häufig bei den sogenannten *zusammengesetzten Nomen*, die aus zwei oder mehreren Einzelwörtern bestehen. Wenn man zum Beispiel die Einzelwörter „Imbiss" und „Stand" aneinandergefügt, erhält man das Wort „Imbissstand". Um zu überprüfen, ob ein zusammengesetztes Nomen mit drei oder zwei S geschrieben wird, muss man also erst mal die **Einzelwörter voneinander trennen** und sich dann ihre jeweilige Schreibweise näher anschauen. Darüber hinaus gibt es nach wie vor Wörter, die **ähnlich klingen, aber auf unterschiedliche Weise geschrieben** und daher auswendig gelernt werden sollten. Das Wort „weiß" kann zum Beispiel sowohl als Verb (wie etwa im Satz „Ich **weiß**, worum es hier geht") als auch als Adjektiv (wie beim Wortgefüge „die **weißen** Wände") verwendet werden. Das Wort „weise" kann wiederum drei grundsätzlich verschiedene Formen annehmen – einmal die eines Nomens („Wir müssen auf diese Art und **Weise** handeln"), einmal die eines Adjektivs („die **weisen** alten Männer") und einmal die eines Verbs („Ich **weise** dich auf den Fehler im Text hin"). Aufgrund ihrer akustischen Ähnlichkeit müssen diese zwei Wörter klar voneinander abgegrenzt werden können. Diese Unterscheidung wird erst durch die Verwendung einer jeweils anderen Orthografie möglich.

Liest man unter anderem etwas ältere Texte, wird einem auffallen, dass die „ss-oder-ß-Regel" dort nicht eingehalten wurde. Der Grund dafür ist, dass diese in der alten *Rechtschreibung* genau umgekehrt galt. Das ist heute allerdings nicht mehr der Fall.

einfaches s: stimmhafter s-Laut
- vor den Buchstaben *t, p* und *ch* („gestern", „Spiel", „mischen")
- bei Wörtern, bei denen ein stimmloser s-Laut im Rahmen der Beugung stimmhaft wird („Haus" – „Häuser")

ß (Eszett): stimmloser s-Laut
- nach langen Vokalen, Umlauten, Doppellauten („Fuß", „Grüße", „Strauß")
- bei Wörtern, bei denen ein stimmloser s-Laut im Rahmen der Beugung stimmlos bleibt („Straße" – „Straßen")
- Ausnahmen: „Bus", „los"

Doppel-s: stimmloser s-Laut
- nach kurzem Vokal („Fluss")
- bei der Pluralform von Wörtern mit den Endungen *-as, -is, -os* („Hindernis" – „Hindernisse")

## Diktate

### Schwierigkeitsstufe: leicht

bit.ly/3zjkBaG
*Link oder QR-Code zum Audio-Diktat*

### Stress abbauen

In unserem Alltag gibt es viele Dinge, die uns anstrengen und herausfordern. Damit man aber nicht aus dem Gleichgewicht gerät, muss man den Stress zu bewältigen wissen. Eine gute Strategie, mit der sich Stress abbauen lässt, ist viel Bewegung. Solange man dabei Spaß hat und nicht vergisst, genügend Wasser zu trinken, kann eigentlich nichts schiefgehen. Also Schluss mit dem Stress und raus an die frische Luft!

**Wortanzahl: 68**

bit.ly/3GGwQ2X
*Link oder QR-Code zum Audio-Diktat*

### Unsere Straße

Ich wohne in der Friedrichstraße in Berlin. Von unserer Terrasse aus kann ich die ganze Stadt sehen. Im ersten Stock unseres Hauses wohnt die beste Freundin meiner Mutter. Immer, wenn ich ihr draußen begegne, begrüße ich sie herzlich. An kalten Wintertagen trinken wir heißen Tee zusammen. Ich liebe unsere große belebte Straße und kann mir nicht vorstellen, irgendwo anders zu leben. Denn es ist wahr: Die Menschen machen den Ort und nicht umgekehrt!

**Wortanzahl: 75**

### Meine Lieblingsblume

bit.ly/3x6dmS4
*Link oder QR-Code zum Audio-Diktat*

Zu Hause habe ich viele Pflanzen. Ich gieße sie jeden Tag mit einer kleinen Kaffeetasse. Meine Rosenpflanze liebe ich über alles auf dieser Welt. Ihr Duft ist eine feine Freude für die Nase. Im Garten vor unserem Haus sprießen im Frühling auch viele Gänseblümchen und Nelken. Diese sammle ich jede Woche für meine Mutter. Blumen sind das beste Mitbringsel für unsere liebsten Menschen und können auch ohne besonderen Anlass an sie geschenkt werden.

**Wortanzahl: 75**

## Schwierigkeitsstufe: mittel

bit.ly/3GU2eeB
*Link oder QR-Code zum Audio-Diktat*

### Im Fitnessstudio

Körperlich fit sein ist eine sehr wichtige Sache. Um stark und gesund zu bleiben, empfiehlt sich neben anderen sportlichen Betätigungen auch ein wöchentlicher Besuch im Fitnessstudio. „Ohne Schweiß kein Preis" gilt hier in vollem Maße. Eigentlich kann man beim Sporttreiben viel Spaß haben. Egal, ob man Gewichtheben oder Seilspringen lieber mag, das Wichtigste ist, dass man dabei die eigene Komfortzone verlässt und etwas Gutes für seinen Körper tut. Außerdem darf man die gesunde Ernährung nicht vergessen. Man muss viel gesundes Essen zu sich nehmen, um genug Kraft für die langen Trainingseinheiten im Fitnessstudio zu haben.

**Wortanzahl: 97**

### Sport und Wohlbefinden

bit.ly/38Ec8nP

*Link oder QR-Code zum Audio-Diktat*

Jedes Jahr machen Hunderte von Menschen Wellnessurlaub. Damit wollen sie den Stress abbauen und sich wieder im eigenen Körper wohlfühlen. Ab und zu braucht man tatsächlich ein bisschen Entspannung, aber man muss auch wissen, dass aktiv zu bleiben in vielen Fällen besser als passive Erholung ist. Denn wenn wir uns bewegen, werden in unserem Gehirn Hormone ausgeschüttet, die das Wohlbefinden fördern. Interessant ist außerdem, dass sich durch Bewegung auch Stress bewältigen lässt. Selbst wenn wir nur ein bisschen spazieren gehen, tragen wir damit massiv zu unserem allgemeinen Wohlbefinden bei, während wir dabei die frische Luft genießen.

**Wortanzahl: 99**

## Schwierigkeitsstufe: schwer

bit.ly/3N7NhHL

*Link oder QR-Code zum Audio-Diktat*

### Ein Ausflug in die Natur

Letzte Woche bin ich mit meinen Eltern an den Alpsee gefahren. Dort haben wir Schloss Neuschwanstein zum allerersten Mal besucht. Am selben Tag haben wir einen Ausflug in den Wald gemacht, mit viel Essen und einer guten Aussicht auf das Allgäuer Tiefland. Wir haben Wildblumen gepflückt und Blumensträuße daraus gemacht. Draußen war es den ganzen Tag ziemlich heiß. Da hat sich alles irreal, fast wie ein Sommernachtstraum angefühlt. Am Abend sind wir wieder nach Hause gefahren mit einer Menge schöner Erlebnisse und einem deutlich leichter gewordenen Picknickkorb. Wann genau wir nach Hause gekommen sind, weiß ich nicht mehr so genau. Eines ist aber gewiss: Unser nächster Ausflug lässt nicht lange auf sich warten, denn nächste Woche geht es schon in den Bayerischen Wald!

**Wortanzahl: 128**

## Die Donau

bit.ly/3PXusZG

*Link oder QR-Code zum Audio-Diktat*

Der zweitlängste Fluss in Europa ist die Donau. Auf dem alten Kontinent zählte sie schon immer zu einer der wichtigsten Wasserstraßen, da sie durch viele verschiedene Länder fließt und diese verbindet. Man könnte sogar sagen, dass die Donau ein außergewöhnlicher Fluss ist. In der Antike hieß ihr Unterlauf Ister, was sich aus den keltischen Wörtern „ys" (reißend) und „ura" (Wasser) zusammensetzt. Der längste Nebenfluss der Donau ist der Theiß, der seinen Ursprung in der Ukraine hat. Die Donau durchfließt außerdem drei Großstädte in Deutschland: Ulm, Ingolstadt und Regensburg. Entlang des Gewässers sind mit der Zeit viele Wasserkraftwerke entstanden, aus denen Stromerzeugnisse gewonnen werden. In gewisser Weise gefährdet die Errichtung von Wasserkraftwerken das Ökosystem des Flusses. Das ist schließlich auch der Grund, warum sich so viele Naturschützer in letzter Zeit dagegen aussprechen.

Wortanzahl: 133

### Blitzmerker-Kästchen

Bei *s* am Wortende – **Verlängere** das Wort:

Preis → Preise (gesummtes s)

Groß → Größe (langer Vokal)

Hass → hassen (kurzer Vokal)

Schau dir die Wortfamilie an:

Lesen – sie liest – er las – wir haben gelesen – das Lesebuch

Essen – er isst – sie hat gegessen – der Esstisch

Wenn aus dem kurzen Vokal ein langer wird, schreibt man ß:

sie aß

# SEID & SEIT

## Regeln

**„Seid"** und **„seit"** sind zwei Wörter, die sehr ähnlich klingen, aber völlig unterschiedliche Bedeutungen haben. „Seid" ist nämlich die flektierte Form des **Verbs** „sein" in der zweiten Person Plural. Man sagt und schreibt also: „Ihr seid die besten."

Im Gegensatz dazu wird die Präposition „seit" verwendet, um eine **Zeitangabe** zu machen. Man sagt folglich: „Ich lerne seit drei Jahren Englisch". Die Adverbien „seither" und „seitdem" werden ebenfalls vom Wort „seit" abgeleitet. Deswegen werden auch sie mit einem *t* geschrieben.

Um sich den Unterschied besser zu merken, kann hier eine **Eselsbrücke** aus dem Englischen zurate gezogen werden: **Endet das Wort auf -t, handelt es sich hier um Time – also eine Zeitangabe.**

*seid*: 2. Person Plural des Verbs *sein* („Ihr seid zu spät.")

*seit*: temporale Präposition = Zeitangabe („Ich lerne seit drei Jahren Englisch.")

# Diktate

## Schwierigkeitsstufe: leicht 

### Im Aquapark

bit.ly/3Nppdk9
*Link oder QR-Code zum Audio-Diktat*

Ich war seit der Grundschule nicht mehr im Wasserpark. Seitdem ich auf der Realschule bin, habe ich auch nicht mehr so viel Freizeit. Gestern haben mich aber zwei Freundinnen mit Tickets für den Aquapark überrascht. „Danke ihr zwei! Ihr seid wirklich sehr lieb!", habe ich zu ihnen gesagt und sie umarmt. Danach haben wir den ganzen Nachmittag im Pool und auf den Rutschen verbracht. Was für ein Tag!

**Wortanzahl: 70**

### Ein schwieriges Schulfach

bit.ly/3NR0zZt
*Link oder QR-Code zum Audio-Diktat*

Ich lerne schon seit drei Jahren Mathematik. Seitdem ich damit angefangen habe, habe ich nicht einmal eine Zwei bekommen. Also habe ich mich dafür entschieden, die zwei Klassenbesten um Hilfe zu bitten: „Ihr seid doch die Schlausten in Mathe. Ihr könnt mir sicherlich helfen", habe ich zu ihnen gesagt. Schließlich haben sie mir zugesagt. Seit meiner letzten Nachhilfestunde mit ihnen habe ich mich wesentlich verbessert. Ich habe sogar eine Eins in der Klassenarbeit geschrieben.

**Wortanzahl: 77**

### Die kleine Ballerina

Ballett ist meine größte Leidenschaft. Ich tanze, seitdem ich laufen kann. Ich und meine Schwester besuchen seit der dritten Klasse die Ballettschule in unserem kleinen Dorf. Meine Ballettlehrerin hat zu uns damals gesagt: „Ihr seid ja wirklich großartig. Ihr werdet bestimmt eines Tages berühmt." Nun hat sich unser Traum endlich verwirklicht: Wir sind schon seit fünf Jahren bei der Deutschen Oper in Berlin. All dies verdanken wir unserer lieben Ballettlehrerin, die immer an uns geglaubt hat.

bit.ly/3NQWILF
*Link oder QR-Code zum Audio-Diktat*

**Wortanzahl: 79**

## Schwierigkeitsstufe: mittel

### Mein neues Haustier

Meine Katze Mitzi habe ich seit einer ganzen Ewigkeit. Sie ist inzwischen ausgewachsen und seitdem nicht mehr so spaßig wie früher, als sie ein kleines, verspieltes Kätzchen war. Daher haben wir uns dafür entschieden, uns ein neues Haustier zu holen. Also habe ich vor drei Monaten das Tierheim mit meinen Geschwistern besucht. „Seid ihr bereit, diesen Schritt zu unternehmen? Und seid ihr sicher, dass sich der kleine Welpe gut mit eurer Katze verstehen wird?", hat uns damals die Mitarbeiterin gefragt. Seither sind Pauli und Mitzi ziemlich beste Freunde und immer zusammen im Garten unterwegs.

bit.ly/392FWur
*Link oder QR-Code zum Audio-Diktat*

**Wortanzahl: 97**

### Der Babyelefant

bit.ly/3GCDOpG
*Link oder QR-Code zum Audio-Diktat*

Im Kölner Zoo wurde letztes Jahr ein Babyelefant geboren. Seitdem leben dort ganze 14 Elefanten. Meine Schwester und ich haben den Zoo im Juni besucht und das Kleine gesehen. Es ist schon ein Jahr alt und bereits so niedlich und verspielt. Seit der Gründung des Zoos wurden dort ganze 12 Jungtiere geboren. Seither sind viele Touristen nach Köln gereist, um das kleine Elefantenbaby zu sehen. „Wieso seid ihr zwei eigentlich so glücklich? Seid ihr etwa einem Babyelefanten auf dem Rückweg begegnet, oder was?", hat uns unsere Mutter später am selben Tag gefragt. Wenn sie nur wüsste!

**Wortanzahl: 98**

## Schwierigkeitsstufe: schwer

bit.ly/3z9YGTq
*Link oder QR-Code zum Audio-Diktat*

### Die Abschlussfeier

Es ist endlich so weit: Wir haben das Abitur geschafft! Wir dürfen uns bereits seit einer Woche Abiturienten nennen. Die schwierigsten Zeiten haben wir schon hinter uns. Was uns nun erwartet, ist eine erfolgreiche Zukunft, die wir kaum erwarten können. Heute Nachmittag hat der Schulleiter unseres Gymnasiums eine unglaublich berührende Rede auf der Abschlussfeier gehalten. Er sagte dann: „Liebe Schüler, ihr könnt stolz auf euch und eure bisherigen Erfolge sein. Ihr habt euch ganze zwölf Jahre auf diesen Moment vorbereitet. Und nun ist er angekommen – der Moment, in dem ihr mit Zuversicht und Hoffnung in die Zukunft blicken könnt. Hier am Gymnasium seid ihr praktisch vor unseren Augen aufgewachsen. Seitdem ihr euer Abitur absolviert habt, seid ihr selbstständiger als je zuvor geworden. Jetzt ist es endlich Zeit, euch und eure Erfolge abzufeiern. Seid alle gesegnet und bleibt gesund!"

**Wortanzahl: 139**

## Die Corona-Pandemie und ihre Auswirkungen

bit.ly/3t97cOT

*Link oder QR-Code zum Audio-Diktat*

Die Corona-Pandemie brach im März 2020 aus. Seitdem befinden sich viele Länder auf der Welt im Ausnahmezustand. Eines der Länder, das besonders schwer von der Pandemie getroffen wurde, ist unter anderem Deutschland. Seit Beginn der Corona-Pandemie sind hierzulande viele junge Menschen an Geisteskrankheiten wie Depressionen und Angststörungen erkrankt. Seither ist auch die Nachfrage nach Psychotherapien um ein Vielfaches angestiegen. Zurzeit scheint der einzige Weg aus der Pandemie das Impfen zu sein. Trotzdem lässt die Impfquote bereits seit Monaten bundesweit nach. Ein Grund dafür ist, dass viele Menschen unerwünschte Nebenwirkungen befürchten, da es die Impfung erst seit kurzer Zeit gibt. Impfunwillige begegnen in der Öffentlichkeit immer häufiger negativen Reaktionen wie „Ihr seid noch immer nicht gegen Corona geimpft? Seid ihr verrückt?". Seit Corona hat sich nämlich vieles verändert, dazu gehören ganz bestimmt auch die zwischenmenschlichen Beziehungen, die immer angespannter werden.

Wortanzahl: 144

### Blitzmerker-Kästchen

Merke dir:

***Seit*** ist mit der ***Zeit*** verwandt: „Seit heute Morgen."

***Seid*** mit ***sind***: „Seid ihr müde? – Wir sind müde."

<u>Tipp</u>: Wenn der Satz auch mit *seitdem* Sinn ergibt, wird ***seit*** mit ***t*** geschrieben: „Seit wir wieder zurück sind – Seitdem wir wieder zurück sind."

Eselsbrücke! ***Seit = time***

# DOPPELTE KONSONANTEN

## Regeln

**Doppelte Konsonanten** können auch mal nervig sein. Diese sind aber wichtig, denn sie signalisieren dem Leser auf unterschwellige Art und Weise, dass der vorangegangene Vokal kurz ausgesprochen wird. So klingen zum Beispiel die Wörter „Mode" und „Motte" sehr ähnlich – sie werden aber unterschiedlich ausgesprochen. Der Grund dafür ist, dass auf **kurze Vokale und Umlaute** in der Regel doppelte Konsonanten folgen. Das gilt sowohl für deutsche Wörter als auch für **Fremdwörter** wie „Buffet" oder „Pizza", die im Deutschen benutzt werden. Wenn aber nach einem *kurzen Vokal* **mehr als ein Konsonant** folgt, wird normalerweise **nicht verdoppelt**. Das ist der Grund, warum in Wörtern wie „Panzer" und „Haft" keine doppelten Konsonanten vorkommen.

Außerdem wissen wir bereits aus vorherigen Kapiteln, dass in zusammengesetzten Wörtern manchmal auch **drei Konsonanten** vorkommen können. Dieses Phänomen nennt sich Konsonantenanhäufung und entsteht immer dann, wenn das erste Einzelwort auf den doppelten Konsonanten endet, mit dem das nächste beginnt. Das ist zum Beispiel beim Wort „Schifffahrt" der Fall, das aus den Einzelwörtern „Schiff" und „Fahrt" besteht. Manchmal kann die Konsonantenanhäufung aber auch durch das sogenannte Binde-S verhindert werden. Gäbe es zum Beispiel im Wort „Sinnesnerven" das Binde-S nicht, so hätten wir hier drei gleiche Konsonanten hintereinander. Durch das Binde-S können aber auch doppelte Konsonanten entstehen. Dieses Phänomen kann man etwa bei Wörtern wie „Liebe**s**schloss" und „Hochzeit**s**saal" beobachten. Umgekehrt gilt auch, dass nach Doppelvokalen wie „aa" oder „oo", die immer lang ausgesprochen werden, nur ein einziger Konsonant stehen kann. Das ist etwa bei Wörtern wie „Waage" und „Meer" der Fall. Wir wissen auch, dass vor dem sogenannten **Dehnungs-H** immer **ein langer Vokal** steht. Ist in einem Wort also ein Dehnungs-H enthalten, wird danach ein *einfacher Konsonant* geschrieben. Das kann etwa bei Wörtern wie „Kohle" und „Mahl" beobachtet werden. Wir wissen noch, dass Doppellaute wie „au" oder „ei" immer lang ausgesprochen werden. Nach diesen kann deshalb nur ein einziger Konsonant kommen. Konsonanten, die verdoppelt werden können, sind unter anderem die folgenden: *b, d, f, g, l, m, n, p, r, s, t.* Für die Konsonanten k und z gilt eine besondere **Ausnahme**: Diese werden in der verdoppelten Form nämlich als „ck" und „tz" geschrieben. So lässt sich etwa die Schreibweise von Wörtern wie „Jacke" und „Mütze" erklären. Von dieser Regel sind aber spezielle *Fach- und Fremdwörter* wie „Sakko" und „Skizze" natürlich ausgenommen. Wie bereits klar geworden ist, haben die Konsonanten *k* und *z* und ihre verdoppelten Formen eine besondere Rechtschreibung. Mit den folgenden **Eselsbrücken** lassen sich die grundlegenden Regeln dazu sehr einfach merken:

**Nach l, m, n, r das merke ja, steht nie „tz" und nie „ck"!**
**Nach a, e, i, o, u schreib ein „tz" und ein „ck" dazu.**
**Nimm die Regel mit ins Bett: Nach ei, au, eu steht nie „tz"!**

Wenn du dir nicht sicher bist, ob ein Wort mit einem einfachen oder mit einem Doppelkonsonanten geschrieben wird, solltest du seine **Grundform nehmen** und diese dann in Silben zerlegen. Nehmen wir zum Beispiel das Verb „hoffen": Wenn wir dieses in Silben gliedern, können wir deutlich hören, dass hier zwei Konsonanten enthalten sind. Deswegen schreiben wir auch einen doppelten Konsonanten. Wenn aber der interessierende Konsonant **am Ende des Wortes** steht, muss dieses durch Beugung verlängert werden. So kann man den doppelten Konsonanten im Wort „nett" erst dann hören, wenn man dieses in der Pluralform „netten" dekliniert. Im Zweifel kannst du diese Regel immer anwenden. Außerdem werden Wörter, die aus **derselben Wortfamilie** stammen, immer gleich geschrieben. Der Grund dafür ist, dass diese „verwandten" Wörter alle denselben Stamm haben, der immer unveränderlich bleibt. Also schreiben wir sowohl „Kamm" als auch „kämmen" mit einem doppelten Konsonanten. Im Gegensatz dazu wird das Wort „kam" mit nur einem *m* geschrieben – denn einerseits ist das die flektierte Form des Verbs „kommen" und andererseits wird der Vokal davor lang gesprochen.

# Diktate

## Schwierigkeitsstufe: leicht

### Die Klassenfahrt

bit.ly/3x3ExvK
*Link oder QR-Code zum Audio-Diktat*

Wir sind gestern auf Klassenfahrt in den Wald gefahren. Als Erstes musste jeder von uns fünf Euro in die Klassenkasse einzahlen. Außerdem haben wir warmes Essen und viele Getränke bestellt. Alle Vorbereitungen haben sich gelohnt, denn wir haben zwei unglaublich nette Tage in freier Natur verbracht. Am letzten Abend haben wir uns am Lagerfeuer versammelt. Ein Mädchen hat Gitarre gespielt und wir alle haben Lieder gesungen. Es war ein Abend voller unvergesslicher Erinnerungen.

**Wortanzahl: 75**

### Hier kommt der Jahrmarkt

bit.ly/3POj07L
*Link oder QR-Code zum Audio-Diktat*

Jedes Jahr freuen wir uns wahnsinnig auf den Jahrmarkt. Neulich waren wir auf dem Hamburger Dom. Dort haben wir uns Bratäpfel, gebratene Mandeln und Pommes gegönnt. Auf dem Rummel lassen wir es wie gewohnt ordentlich krachen. Unsere Lieblingsattraktionen sind die Karussells und die Achterbahnen. Natürlich sind wir auch mit dem Riesenrad gefahren. Eigentlich hatte ich schon immer Höhenangst, aber meine Freunde haben mir geholfen, diese zu überwinden. Ich hatte noch nie so viel Spaß in meinem Leben.

**Wortanzahl: 81**

### Mein letzter Urlaub

bit.ly/3x8JLrp
*Link oder QR-Code zum Audio-Diktat*

Letztes Jahr bin ich mit meiner Familie nach Sizilien geflogen. Dort haben wir zwei Wochen in einer Villa am Meer verbracht. Wir sind jeden Tag an den Strand gegangen, wo wir ganze Nachmittage lang gebadet haben. Dort schien die Sonne von morgens bis abends und das Wetter war immer sehr mild. Also hatten wir die perfekte Möglichkeit, viele Sehenswürdigkeiten zu besuchen. Am meisten hat mir die berühmte Kathedrale in Palermo gefallen. Hoffentlich kommen wir nächstes Mal wieder hierher.

**Wortanzahl: 81**

## Schwierigkeitsstufe: mittel

### Hoch die Hände, Wochenende

bit.ly/3x4OPeU
*Link oder QR-Code zum Audio-Diktat*

Ich und meine beste Freundin freuen uns immer wieder auf das Wochenende. Denn Wochenende heißt für uns Kaffee, Plaudern und Shoppen. Wir gehen auf verschiedene Schulen und wissen daher jede Möglichkeit zum Treffen zu schätzen. Wenn wir uns dann endlich sehen, unterhalten wir uns über die Ereignisse, die während der Woche passiert sind. Über Probleme und Hindernisse reden wir selten, denn eigentlich versuchen wir, immer positiv zu bleiben. Nach einem langen Nachmittag im Einkaufszentrum geht es dann in die Villa meiner Großeltern. Den Abend verbringen wir gemütlich mit Filmen und Pizza. Ich wünschte einfach, es könnte jeden Tag Wochenende sein!

**Wortanzahl: 104**

### Mein ungewöhnliches Hobby

bit.ly/3zfQ1yP
*Link oder QR-Code zum Audio-Diktat*

Mein Lieblingshobby soll sehr ungewöhnlich sein. Oder zumindest höre ich das oft von meinen Freunden und Bekannten. Ich sammle nämlich Schmetterlinge, aber nicht, um sie zu züchten, sondern um sie zu beobachten. Ich halte sie auch nicht in Gefangenschaft, eigentlich leben sie in einem Schmetterlingshaus in unserem Garten. Ich versorge sie täglich mit viel Blütennektar. Den kaufe ich von meinen netten Nachbarn, die Imker sind. Sie haben mir gestern auch erklärt, warum die Flügel der Schmetterlinge so schön in der Sonne schimmern. Zu meiner Überraschung hat das allerdings nichts mit Zauber, sondern mit einfacher Lichtreflexion und Wellenlängen zu tun.

**Wortanzahl: 102**

## Schwierigkeitsstufe: schwer

### Bewegung macht gesund

bit.ly/3GFeiQA
*Link oder QR-Code zum Audio-Diktat*

Einer meiner Neujahrsvorsätze war es, endlich gesund zu werden. Meine Mutter sagte früher immer zu mir, ich sollte mich endlich aus dem Internet ausloggen und mal nach draußen in die Natur gehen. Mein Hausarzt meinte ebenfalls, dass ich mich viel zu wenig bewegen würde, was sich schädlich auf meine Gesundheit auswirke. Seine Worte habe ich ernst genommen. Seit ein paar Wochen gehe ich jeden Morgen im Wald joggen und aktuell geht es mir besser als je zuvor. Ich habe viel mehr Energie und fühle mich tagsüber nicht mehr schlapp. Ich verzichte jetzt bewusst auf Lebensmittel mit Zusatzstoffen und esse überwiegend frisches Obst und Gemüse. Ich denke, dass jeder, der sich eine positive Veränderung in seinem Leben wünscht, ein starkes Bewusstsein für seine Gesundheit entwickeln sollte.

**Wortanzahl: 128**

## Der Nord-Ostsee-Kanal

bit.ly/3xmWRQL
*Link oder QR-Code zum Audio-Diktat*

Der Nord-Ostsee-Kanal ist eine künstliche Wasserstraße für Seeschiffe. Er ist knapp hundert Kilometer lang und verbindet die Nord- und die Ostseeküste Deutschlands. Noch lange vor seiner Eröffnung existierte aber die erste historische Verbindung zwischen den zwei Meeren. Das war nämlich der 1784 in Betrieb genommene Eiderkanal. Den Nord-Ostsee-Kanal passieren täglich Ozeanschiffe aller Art, von Raddampfern über Containerschiffe bis hin zu Restaurantschiffen, auf denen üppige Buffets für die Gäste angeboten werden. Auf Schifffahrten haben Gäste außerdem die Möglichkeit, unvergessliche Erlebnisse zu genießen. Einzigartige Meeresstädte wie Kiel, Rendsburg und Brunsbüttel warten hier darauf, entdeckt zu werden. In der schleswig-holsteinischen Landeshauptstadt kann man unter anderem auch verschiedene Museumsschiffe, Seenotrettungskreuzer und Feuerlöschboote sehen, die typisch für die Kieler Region sind. Eine solche Schiffsreise bietet sich für alle Seebegeisterten an, die die Magie der Nordostseeküste nah und persönlich erleben wollen.

Wortanzahl: 137

### Blitzmerker-Kästchen

Nur nach kurzem Vokal oder Umlaut kommt der doppelte Mitlaut.

Merksatz für die doppelten Konsonanten: B D F G L M N P R S T

„**B**ei **D**ringenden **F**ragen **G**leich **L**ieber **M**it **N**otarzt **P**aul **R**eden", **S**agt **T**om

# WIEDER ODER WIDER?

## Regeln

Wörter, die gleich ausgesprochen, aber unterschiedlich geschrieben werden, nennt man **Homophone**. Solche Wörter sind unter anderem auch „**wieder**" und „**wider**" – auf den ersten Blick klingen sie wie ein und dasselbe Wort, in Wirklichkeit handelt es sich dabei aber um zwei Wörter mit unterschiedlicher Bedeutung. So deutet das Wort „wi*e*der" auf ein sich wi*e*derholendes *Ereignis* oder einen **wenig veränderlichen Zustand** hin. Ferner kann es auch die Bedeutung von „zurück" einnehmen – das ist etwa beim Wort „wiedergeben" der Fall. Dabei sind fast alle Verben mit dem Präfix „wieder" trennbar – eine Ausnahme hiervon bildet das Verb „wiederholen", bei dem die *Betonung* auf dem **Verbstamm** „holen" liegt.

Im Gegensatz dazu bezeichnet das Wort „wider" meistens eine **negative Grundhaltung** – das wird zum Beispiel aus dem Wort „widerwillig" ersichtlich. In diesem Sinne kann das Wort „wider" synonym für „gegen", „dagegen" oder auch „entgegen" verwendet werden. Also kann man auch mit „wider" eine **Bewegung** ausdrücken, denn bei Verben wie „widerschallen" oder „widerstrahlen" kann das Präfix auch die Bedeutung von „zurück" tragen.

Wie du bereits erfahren hast, können die Wörter „wieder" und „wider" *allein* für sich stehen oder mit anderen Wörtern *kombiniert* werden. So fungiert das Wort „wieder" als **Adverb**, wenn es allein im Satz steht. „Wider" ist hingegen eine einfache **Präposition**. Beide können aber auch als **Präfixe** in Verben vorkommen.

Wenn du dir nicht sicher bist, ob das betreffende Wort mit oder ohne „**e**" geschrieben wird, kannst du folgende einfache Regel anwenden: Handelt es sich bei diesem Wort um etwas ständig **Wiederkehrendes**, musst du nach dem „i" auch noch ein „e" schreiben.

# Diktate

## Schwierigkeitsstufe: leicht

### Schlecht aufgepasst

bit.ly/394uGOf

*Link oder QR-Code zum Audio-Diktat*

Als ich damals sechzehn war, habe ich häufig ganze Nächte damit verbracht, Videospiele zu spielen. Am nächsten Morgen musste ich natürlich wieder in die Schule. Ich war dann immer so müde und konnte meine Augen kaum offen halten. An solchen Tagen sind mir stets unangenehme Dinge widerfahren. Zum Beispiel bin ich einmal im Deutschunterricht eingeschlafen. Die Lehrerin hat mir dann unerwartet eine Frage gestellt. Ich habe sie gebeten, die Frage zu wiederholen. Danach bin ich wieder eingeschlafen.

**Wortanzahl: 79**

### Ein schwieriger Abschied

bit.ly/38WjKSV

*Link oder QR-Code zum Audio-Diktat*

Heute ist es wieder so weit. Unsere Familie zieht bald wiederholt nach Bayern um. Dort leben die Eltern meines Vaters, mein Opa und meine Oma väterlicherseits. Mit zwei Jahren bin ich mit meiner Familie nach Niedersachsen gezogen, wo meine Mutter ursprünglich herkommt. Seitdem sind wir alle paar Jahre hin- und hergezogen, da mein Vater immer wieder verschiedene Jobangebote bekam. Mittlerweile habe ich mich an das Zusammenleben mit der Familie meiner Mutter richtig gewöhnt. Ich werde sie alle sehr vermissen. Unser letztes „Auf Wiedersehen" wird das aber wohl nicht sein.

**Wortanzahl: 92**

### Eine gute Note

bit.ly/3M9Ddgq
*Link oder QR-Code zum Audio-Diktat*

Eigentlich war ich nie wirklich gut in Mathematik. Noch damals in der ersten Klasse habe ich meine Mathematikhausaufgaben nur widerwillig gemacht. Einige Jahre später bekam ich eine nette Nachhilfelehrerin, die mir geholfen hat, meine Leidenschaft für Mathematik zu entdecken. Rechnen kann Spaß machen, auch wenn man das nicht glauben mag. Ich kann mich immer noch an meine erste Eins in Mathematik erinnern. Ich habe zwei Wochen für die Klassenarbeit gelernt. Und ich habe meine Antworten immer wieder überprüft. Schließlich habe ich wider Erwarten die beste Note in der Klasse bekommen.

**Wortanzahl: 93**

## Schwierigkeitsstufe: mittel

### Der Wald und seine Geheimnisse

bit.ly/3GF7dQ6
*Link oder QR-Code zum Audio-Diktat*

Mir ist gestern etwas Gruseliges widerfahren. Ich war am späten Nachmittag im Wald spazieren, als ich ein widernatürliches Wesen zu Augen bekam. Es war ein Bär, der auf zwei Beinen zwischen den Bäumen lief. Das immer schwächer werdende Tageslicht spiegelte sich in den Blättern der Sommerlinden wider. Fantasie und Realität verschmolzen vor meinen Augen. Später, als ich nach Hause kam, habe ich meiner Mutter von meiner merkwürdigen Vision erzählt. Sie meinte, dass ich mir das sicher selbst ausgedacht habe. Das, was ich gesehen habe, widerspricht zweifellos allen Naturgesetzen. Trotzdem sind die Bilder in meinem Kopf noch so klar.

**Wortanzahl: 103**

### Die Prinzessin und der Drache

bit.ly/3NRwj0e
*Link oder QR-Code zum Audio-Diktat*

Es war einmal ein Königreich am Ende der Welt. Dort lebte eine wunderschöne Prinzessin, die von einem Drachen bewacht wurde. Mit sechzehn Jahren wurde sie widerwillig von ihrem Vater in einem Schloss eingesperrt. Darauf antwortete die Prinzessin mit heftigem Widerstand. Sie wusste nur nicht, dass sie eines Tages ein schöner Prinz aus ihrer Haft befreien würde. Hin und wieder guckte die Prinzessin durch das kleine Holzfenster, das ihr einziger Zugang zur Außenwelt war. In einer Nacht hatte sie einen starken Widerhall aus dem Flur gehört. Da war plötzlich der Prinz, der den Drachen verjagt hatte. Nun war die Harmonie wieder hergestellt.

**Wortanzahl: 105**

## Schwierigkeitsstufe: schwer

### Der Wiederaufbau Deutschlands

bit.ly/38X8KVm
*Link oder QR-Code zum Audio-Diktat*

Nach dem Zweiten Weltkrieg befand sich Deutschland in einer tiefen Wirtschaftskrise. Wider aller Erwartungen ist das Land der Dichter und Denker eben nicht als Sieger aus dem Krieg hervorgegangen. Dieser Umstand drohte Deutschland in den Abgrund zu treiben. Allerdings gelang die Wiederbelebung des Landes mit der großzügigen finanziellen Hilfe der Alliierten. Doch nicht nur die Wirtschaft musste wiederaufgebaut werden, auch die Staatlichkeit und die Einheit sollten Stück für Stück wiederhergestellt werden. Einen wesentlichen Beitrag zum Wiederaufbau leisteten die sogenannten Trümmerfrauen, die dabei halfen, die Städte von den Trümmern der zerstörten Gebäude zu befreien. Nicht zu unterschätzen war auch der Einsatz der Gastarbeiter aus Italien und der Türkei, die hier ein paar Jahre arbeiteten und später wieder in ihre Heimatländer zurückkehren sollten. So gelang trotz der widrigen Umstände die Wiederbelebung eines starken Landes.

**Wortanzahl: 135**

## Neulich im Gerichtssaal

bit.ly/3x6egwE

*Link oder QR-Code zum Audio-Diktat*

Gestern standen zwei Jugendliche vor Gericht. Der Fall handelte von einem langen, nicht beigelegten Streit wegen Sachbeschädigung. Der 16-jährige Kläger behauptete, dass seine Musikanlage absichtlich vom Angeklagten kaputt gemacht wurde. Sein Widersacher hat diese Aussage bestritten und wiederum behauptet, dass der Gegenstand noch vor dem Ausleihen defekt gewesen wäre. Die Aussagen der beiden widersprachen sich klar. Keiner konnte die Behauptungen des anderen widerlegen. Die beiden sind selbst nach einer Weile nicht zu einem Konsens darüber gekommen, wie der Schaden tatsächlich entstanden war. Aus diesem und anderen Gründen weigerte sich der Rich ter, ein Ermittlungsverfahren einzuleiten. Trotzdem bestand der Kläger auf eine finanzielle Wiedergutmachung, die der Angeklagte nicht leisten wollte. Der Fall schien so verwickelt und geringfügig, dass der Richter dem Kläger dazu riet, seine Anzeige zu widerrufen und sich einen Teil des Schadensersatzes auszahlen zu lassen.

Wortanzahl: 138

### Blitzmerker-Kästchen

**WIE**der gehört zu den Adverb**IE**n und beschreibt einen Umstand.

- ***Wie**der* mit **ie** schreibst du mit der Bedeutung *erneut* oder *noch einmal = **wie**derholen.*
- ***Wider*** mit **i** schreibst du mit der Bedeutung *gegen.*

# KOMMASETZUNG

## Regeln

**Das Komma** ist eines der wichtigsten Satzzeichen im Deutschen. Es grenzt nämlich verschiedene Satzteile voneinander ab und kennzeichnet eine **Pause** zwischen ihnen. Ohne Kommas können viele Missverständnisse zustande kommen.

Stelle dir zum Beispiel die folgende Situation vor: Du bist in der Schule und willst kurz einen Computer benutzen. Also gehst du in einen Computerraum und siehst dann ein Schild an der Wand hängen. Darauf steht geschrieben: Computer arbeitet nicht ausschalten! Was könnte das denn bedeuten? Gäbe es in diesem Satz ein Komma, so könnten wir seinen eigentlichen Sinn problemlos verstehen. Befände sich das Komma vor „nicht", dann würde dies bedeuten, dass der jeweilige Computer gerade arbeitet und nicht ausgeschaltet werden soll. Stünde das Komma aber nach dem „nicht", gerät dieser Satzteil in den Hauptsatz, womit sich der Sinn umkehrt.

Generell kann man sagen, dass vor **Konjunktionen** wie „weil", „(auch) wenn", „denn", „(um) zu", „aber" (nicht mit dem gleichen *Partikel* verwechseln!) und „dass" immer ein Komma steht. Dasselbe gilt auch für Signalwörter wie „darum", „allerdings" und ihre **Synonyme**. Der Grund dafür ist, dass diese immer einen ergänzenden Nebensatz einleiten. Selbst wenn der **Nebensatz dem Hauptsatz vorangestellt** ist (wie im Satz „Obwohl ich dich liebe, muss ich dir leider absagen"), müssen die Teilsätze mit einem Komma voneinander getrennt werden. Ein Komma kann aber auch **zwei Hauptsätze trennen.** Das ist etwa beim Satz „Ich sehe fern, meine Schwester liest ein Buch" der Fall. Bei **Infinitivsätzen**, in denen die Verben sein/haben/brauchen/pflegen/scheinen vorkommen, wird in aller Regel kein Komma gesetzt (Beispiel: „Du scheinst heute gut drauf zu sein"). Ähnlich verhält es sich mit Infinitivsätzen, die mit den Verben *anfangen / aufhören / beginnen / bitten / fürchten / gedenken / glauben / helfen / hoffen / versuchen / wissen /*

wünschen gebildet worden sind: Hier ist das Setzen eines Kommas keine Pflicht. Wenn aber diese Verben durch nähere **Umstandsangaben** ergänzt wurden (Beispiel: „Ich glaube **fest** daran, dass alle Menschen gut sind"), muss zwischen den zwei Teilsätzen ein Komma gesetzt werden.

Bei **Aufzählungen** müssen wir die verschiedenen Satzteile ebenfalls mit einem Komma voneinander abgrenzen. Wenn aber zwischen den einzelnen Satzgliedern **Verbindungswörter** wie „und" oder „sowie" stehen, wird davor **kein Komma** gesetzt.

Des Weiteren wird ein **Komma immer nach der direkten Anrede** gesetzt. In einem Satz wie „Lena, kannst du mir bitte einen Stift leihen?" ist das Komma also ein Muss. Dasselbe gilt für die **direkte und indirekte Rede**. Also müssen wir in Sätzen wie „Lena sagte, ‚Klar darfst du das' und „Lena sagte, ich darf mir einen Stift ausleihen" immer **ein Komma am Ende des Hauptsatzes** setzen.

Auch **Datumsangaben** werden mitten im Satz **von Kommas eingeschlossen**. Wenn du deine Freunde zu deiner Geburtstagsparty einladen willst, schreibst du dann in die Einladungskarte: „Liebe Freunde, ihr seid herzlich zu meiner Geburtstagsparty eingeladen. Diese wird am Sonntag, **den 24.10.2021**, bei mir zu Hause stattfinden."

Ein Komma steht immer…

- vor Konjunktionen, die einen Nebensatz einleiten („weil", „dass" usw.)
- vor und nach eingeschobenen Nebensätzen („Dadurch, dass ich gelernt habe, konnte ich alle Aufgaben lösen.")
- zwischen zwei Hauptsätzen („Ich sehe fern, meine Schwester liest ein Buch.")
- zwischen Aufzählungspunkten („Meine Lieblingsfächer sind Deutsch, Englisch und Chemie.")
- vor und nach Einschüben, z. B. Datumsangaben („Am Sonntag, den 24.10.2021, feiere ich meinen Geburtstag.")
- vor und nach direkter Rede

# Diktate

## Schwierigkeitsstufe: leicht

### Ein frecher Waschbär

bit.ly/3zf5MWY

*Link oder QR-Code zum Audio-Diktat*

Gestern Abend hat meine Mutter Kartoffelsalat für die ganze Familie zubereitet. Währenddessen saßen ich und meine Geschwister auf dem Tisch und schauten durch das Fenster. Nachdem sie mit dem Kochen fertig geworden ist, ging meine Mutter vor das Haus, um den Müll rauszubringen. Als sie dann die Mülltonne öffnete, ist von dort plötzlich ein Waschbär rausgesprungen. Er roch die Kartoffelschalen und hat daraufhin nach dem Müllsack mit seinen Pfoten gegriffen. Schließlich ist er spurlos verschwunden.

**Wortanzahl: 78**

### Mein Weihnachtswunsch

bit.ly/3NOh08F

*Link oder QR-Code zum Audio-Diktat*

Bald ist wieder Weihnachten. Dieses Jahr wünsche ich mir aber keine teuren Geschenke für das Fest. Mein einziger Wunsch ist, einen kleinen Welpen geschenkt zu bekommen. Ich werde sehr gut auf ihn aufpassen, jeden Tag mit ihm Gassi gehen und ihm Leckerlis geben. Meine Eltern denken, dass ich noch nicht bereit für diese Verantwortung bin. Das können sie aber nicht mit Sicherheit wissen. Wenn sie mir eine Chance geben würden, würde ich ihnen beweisen, dass ich schon erwachsen genug bin, um mich allein um ein Haustier kümmern zu können!

**Wortanzahl: 91**

### Mein neues Zimmer

Mein Kinderzimmer wurde neulich renoviert. Jetzt sieht es fast wie neu aus, mit frisch gestrichenen Wänden, einem geräumigen Kleiderschrank und einem größeren Schreibtisch. Seit der Renovierung verbringe ich wieder mehr Zeit in meinem Zimmer, einfach nur, weil ich mich hier wohlfühle. Nächsten Monat werde ich mir sogar einen aufblasbaren Sessel kaufen, in dem ich sitzen und meine Bücher lesen kann. Generell mag ich es, draußen aktiv zu sein und verschiedene Dinge mit meinen Freuden zu unternehmen. Trotzdem ist mein Zimmer ein wichtiger Ort für mich, an dem ich immer gerne bin.

bit.ly/3wVHn5G
*Link oder QR-Code zum Audio-Diktat*

**Wortanzahl: 94**

## Schwierigkeitsstufe: mittel

### Wochenende ist Familienzeit

Am Samstag gehe ich immer mit meiner Mutter im Supermarkt einkaufen. Wir erledigen unsere Wocheneinkäufe immer am Wochenende, weil wir dann beide Zeit haben, um etwas gemeinsam zu unternehmen. Wenn wir dann nach Hause zurückkommen, sortieren wir die Produkte in den Kühlschrank. Danach suchen wir uns interessante Rezepte aus und fangen mit dem Kochen an. Am Abend setzen wir uns alle an den Tisch, wobei wir das neue Gericht kosten. Neulich haben wir gefüllte Paprika nach mexikanischer Art gemacht, was allen sehr gut geschmeckt hat. Unsere gemeinsamen Familienabende machen immer viel Spaß, wenn wir uns davor ordentlich vorbereitet haben.

bit.ly/3tyn8uj
*Link oder QR-Code zum Audio-Diktat*

**Wortanzahl: 102**

Mein größter Traum

bit.ly/3PTNznv
*Link oder QR-Code zum Audio-Diktat*

Ich wusste schon immer, was ich später im Leben machen wollte. Als ich damals noch in der Grundschule war, habe ich gemerkt, dass ich ein ausgeprägtes Interesse am Lesen hatte. Mit zehn habe ich es geschafft, alle Bücher aus der Bibliothek meines Vaters zu lesen. Bücher und ihre geheimen Traumwelten haben mich schon immer fasziniert. Das ist auch der Grund, warum ich Schriftstellerin werden will – um anderen den Zugang zu solchen wunderschönen Fluchtwelten zu ermöglichen. Ich habe viele Ideen und Geschichten und will diese mit anderen teilen. Wer weiß schon, vielleicht wird mein Traum eines Tages in Erfüllung gehen.

**Wortanzahl: 102**

## Schwierigkeitsstufe: schwer

Das Mediensystem Deutschlands

bit.ly/3NFTdI6
*Link oder QR-Code zum Audio-Diktat*

Medien sind ein unverzichtbarer Teil unseres Alltags geworden. Wir informieren uns täglich über die Themen, die uns bewegen. Dazu stehen uns Informationskanäle wie das Internet, der Rundfunk und die überregionalen Zeitungen zur Verfügung. Dadurch, dass das Mediensystem stets auf hohem Niveau aufrechterhalten werden muss, entstehen auch für uns Bürger bestimmte Pflichten und Zuständigkeiten. So muss zum Beispiel jeder angemeldete Haushalt viermal im Jahr den sogenannten Rundfunkbeitrag entrichten, und das ganz ungeachtet dessen, ob man zu Hause Fernsehen und Radio empfangen kann oder nicht. Damit das Mediensystem gut funktionieren kann, ist auch die Rückkopplung der Nutzer von großer Bedeutung. Dabei soll das Publikum als eine Art Korrektiv fungieren, das die Medien kontrolliert und, wenn nötig, auch sanktioniert. Denn nur so kann das Mediensystem auf Dauer bestehen bleiben und der Öffentlichkeit gut dienen.

**Wortanzahl: 134**

## Mein Leben am Gymnasium

bit.ly/3mcseYI
*Link oder QR-Code zum Audio-Diktat*

Mit zwölf Jahren bin ich aufs Gymnasium gekommen. Davor ging ich noch zur Grundschule, also war das eine große Veränderung für mich. Was die Lernanforderungen betrifft, muss ich sagen, dass es hier um einiges anspruchsvoller ist als in der Realschule. Zumindest habe ich das von meinen Freunden so mitbekommen. Jetzt, wo wir erwachsener sind und mehr Verantwortlichkeiten haben, gibt es nicht mehr so viel Zeit zum Abhängen und Quatschen mit Freunden. Aber dafür wissen wir jeden Moment, den wir zusammen verbringen, zu schätzen. Das Leben eines Gymnasiasten ist auch nicht so anstrengend, wie man sich das so vorstellen würde. Dramen, Streitereien und Cliquenkriege gibt es meist nur in amerikanischen Filmen. Auf unser Gymnasium gehen nur gebildete und respektvolle Schüler, die aus guten Familien kommen, weswegen die Kommunikation zwischen uns immer reibungslos verläuft.

**Wortanzahl: 136**

### Blitzmerker-Kästchen

Achte auf die Bedeutungen: sie können sich mit der Kommasetzung ändern!

- Wir essen, Opa. – Wir essen Opa.
- Sie bittet, euch alle aufzunehmen. – Sie bittet euch, alle aufzunehmen.

Die Kommas werden nach den grammatischen Regeln gesetzt, nicht nach Gehör. Die Kommasetzung führt aber dazu, dass dort Kommas gesetzt werden, wo im Satz auch eine Pause gemacht wird: Achte also auf Pausen im Satz.

Ergänze die Liste!

Vor diesen Konjunktionen steht in einer Aufzählung **kein** Komma:

- und
- wie
- sowohl ... als/wie auch
- sowie
- nicht ... noch
- weder ... noch
- beziehungsweise
- entweder ... oder
- oder
- respektive
- ...
- ...
- ...
- ...
- ...

Vor diesen Konjunktionen steht **ein** Komma:

- aber
- jedoch
- doch
- einerseits ... , andererseits
- ...
- ...
- ...
- ...
- ...
- ...
- ...
- ...
- ...

## Regeln

Im Alltag müssen wir häufig viele **Briefe und formelle E-Mails** schreiben. Von geschäftlichen E-Mails über Bewerbungen bis hin zu Amtsbriefen: Bei der schriftlichen Kommunikation ist eine makellose Rechtschreibung das A und O. Denn wer rechtsschreibkundig ist, macht einen kompetenten Eindruck auf sein Gegenüber. Wie schreibt man also einen guten Brief beziehungsweise eine kompetent wirkende formelle E-Mail?

Als Erstes ist hier eine höfliche und formelle Anrede wichtig. Beginne also deinen Brief respektive deine E-Mail mit einer Formulierung wie „Sehr geehrte Damen und Herren" oder „Guten Tag Herr XY". Die erste Formulierung benutzt du normalerweise, wenn du den Adressaten des Briefes nicht kennst. Nach der Anrede steht in der Regel immer **ein Komma**. Weiter wird dann **kleingeschrieben**.

Im **Hauptteil** der E-Mail musst du dein Anliegen kurz und knapp erklären und bei Möglichkeit auch noch Hintergrundinformationen liefern, die deinem Gegenüber bei der Bearbeitung helfen könnten. Vergiss auch nicht, den Anlass für deine E-Mail oder deinen Brief klar zu benennen – bei **E-Mails** kannst du diesen in der sogenannten Betreff-Zeile mit ein paar Worten kurz beschreiben.

Im Hauptteil solltest du dich also erst mal vorstellen, dein Anliegen von deiner Position aus erklären und dieses auch **begründen**. Achte außerdem auf eine **sachliche Sprache** und versuche nach Möglichkeit, **Wiederholungen** jeglicher Art zu **vermeiden**.

Generell musst du *Absätze* immer dort einfügen, wo ein **neuer zusammenhängender Sinnabschnitt** beginnt. Am Ende des Hauptteils kannst du noch mal kurz deine Forderungen oder Fragen zusammenfassen – das hilft deinem Gegenüber, das Wesentliche im Blick zu behalten.

Am **Ende des Hauptteils** steht dann immer eine **höfliche Schlussformel** wie „Mit freundlichen Grüßen" oder „Bestens grüßend", gefolgt von deinem Vor- und Nachnamen. Wichtig ist, dass zwischen der Schlussformel und deinem Namen **kein Komma** steht.

Bei **Briefen** gibt es außerdem ein paar *Besonderheiten*, die du beim Verfassen beachten solltest: So musst du **deinen Namen und deine Adresse** in die **rechte oder linke obere Ecke** schreiben, wobei die einzelnen Angaben untereinander stehen sollten. Direkt darunter in die **linke obere Ecke,** wenn du deine Angaben ebenfalls linksbündig setzt, direkt unter diese, schreibst du dann dieselben Informationen über den *Empfänger* oder die betreffende Institution. Der **Ort und das Datum gehören** wiederum darunter auf die **rechte Seite** – dort sind alle Angaben über den Absender enthalten. Nach der Schlussformel folgt ganz am Ende deine **Unterschrift**, darunter schreibst du noch einmal **deinen Namen**. Bei **E-Mails** kannst du eine digitale Unterschrift in die sogenannte Signatur hinzufügen. Außerdem hast du bei E-Mails die Möglichkeit, dieselbe Mail an mehrere Menschen zu schicken – benutze hierzu die Option „Kopie" oder „CC".

Vergiss außerdem nicht, den **Briefumschlag** zu beschriften! Hier wird genau **umgekehrt** vorgegangen – der Name und die Adresse des **Absenders** stehen in aller Regel **oben links** und die des **Empfängers unten rechts.** Oben rechts muss noch genügend Platz für die Briefmarke sein.

**Aufbau formeller Briefe und E-Mails**

1. Anschrift des Absenders (rechts oder links oben)
2. Anschrift des Empfängers (links)
3. Ort, Datum (rechts)
4. Betreffzeile: Worum geht es?
5. höfliche Anrede („Sehr geehrte Damen und Herren,")
6. Hauptteil: Anliegen kurz und sachlich erläutern
7. höfliche Schlussformel („Mit freundlichen Grüßen")
8. Name & Unterschrift / digitale Signatur

## Diktate

### Schwierigkeitsstufe: leicht

bit.ly/3m84tkK

*Link oder QR-Code zum Audio-Diktat*

Liebe Frau Dietrich,
ich wollte Sie vor der Klassenarbeit am Donnerstag gerne fragen, welches Wörterbuch Sie uns für die Schreibaufgaben empfehlen würden. Ich besitze persönlich sowohl ein Standard- als auch ein Taschenwörterbuch und frage mich nun, welches ich für die Klassenarbeit mitnehmen sollte. Außerdem würde ich gerne wissen, nach welchem System Sie die Arbeiten bewerten werden und ob es da vielleicht auch Aufgaben geben wird, die mehr Punkte bringen. Danke im Voraus für Ihre Rückmeldung!
Mit freundlichen Grüßen
Leonhard Frey

Wortanzahl: 80

bit.ly/397hAzD

*Link oder QR-Code zum Audio-Diktat*

Sehr geehrter Herr Müller,
ich schreibe Ihnen, um Ihnen mitzuteilen, dass ich am kommenden Montag nicht zur Schule kommen kann. Ich habe seit gestern eine Erkältung, weswegen mir mein Hausarzt ein paar Tage Bettruhe empfohlen hat. Die Wochenaufgaben werde ich Ihnen per E-Mail zuschicken. Ich habe mit Maria gesprochen und sie hat mir versprochen, mich über den durchgenommenen Stoff auf dem Laufenden zu halten. Sie können mich außerdem jederzeit unter meiner Telefonnummer erreichen. Melden Sie sich gerne bei mir, falls Sie noch etwas mit mir besprechen wollen.
Mit freundlichen Grüßen
Lisa Gerhardt

Wortanzahl: 92

Guten Tag Frau Weber,
ich wollte mit diesem Schreiben einmal Bezug auf Ihre letzte E-Mail nehmen. Sie haben mich nämlich gebeten, Ihnen ein bisschen mehr über mich selbst zu erzählen. Ich heiße Helena Schlott, bin elf Jahre alt und komme ursprünglich aus Schleswig-Holstein. Mein Lieblingsfach in der Schule ist Biologie. In meiner Freizeit engagiere ich mich ehrenamtlich im örtlichen Tierheim meiner Stadt. Ich liebe Tiere über alles und möchte später gerne Tierärztin werden. Daher denke ich, dass ich mich für die betreffende Position sehr gut eignen würde.
Mit freundlichen Grüßen
Helena Schlott
**Wortanzahl: 92**

bit.ly/3aiuoDN
*Link oder QR-Code zum Audio-Diktat*

## Schwierigkeitsstufe: mittel

Sehr geehrte Damen und Herren,
mit dieser E-Mail möchte ich auf Ihr Schreiben vom 20.07. zurückkommen und Ihnen die Einzelheiten zu meinem Fall erläutern. Ich habe mich vor einer Woche an Sie mit der Bitte gewandt, mir eine Alternative zur digitalen Lehre anzubieten. Nach ein paar Wochen Distanzunterricht habe ich für mich festgestellt, dass ich mich unter den derzeitigen Umständen nicht gut auf den Stoff konzentrieren kann und daher nicht mehr so viel vom Unterricht mitnehme. Ich hoffe, dass Ihnen meine Situation jetzt klarer geworden ist und Sie entsprechende Maßnahmen treffen werden.
Mit höflichen Grüßen
Sophia Braun
**Wortanzahl: 98**

bit.ly/3MilGmk
*Link oder QR-Code zum Audio-Diktat*

Guten Tag Frau Wagner,

ich schreibe Ihnen bezüglich der mündlichen Note in Mathematik, die mir Herr Wendt gestern gegeben hat. Wie Sie bereits wissen, melde ich mich im Unterricht nicht so gerne, weil ich Angst davor habe, mich vor meinen Mitschülern zu blamieren. Bei der Notenbesprechung hat mir Herr Wendt zugesichert, dass sich dieser Umstand nicht groß auf meine Note auswirken wird. Trotzdem bin ich mit der endgültigen Note nicht einverstanden. Ich gebe mir wirklich viel Mühe, etwas zum Unterricht beizutragen. Ich wäre Ihnen sehr dankbar, wenn Sie noch mal diesbezüglich mit ihm sprechen würden.

Mit freundlichen Grüßen

Peter Golding

bit.ly/3NLXdXB

*Link oder QR-Code zum Audio-Diktat*

Wortanzahl: 99

## Schwierigkeitsstufe: schwer

bit.ly/3xjymoN

*Link oder QR-Code zum Audio-Diktat*

Sehr geehrte Damen und Herren,

hiermit möchte ich die Kündigung meines Zeitungsabonnements zum nächstmöglichen Termin beantragen. Da ich den genannten Service nicht in Anspruch genommen habe, möchte ich Sie außerdem um eine Rückerstattung des von mir gezahlten Betrages bitten. Im Anhang dieser E-Mail sende ich Ihnen die betreffenden Rechnungen, denen Sie alle nötigen Informationen entnehmen können. Optimal wäre es, wenn die Rückerstattung innerhalb von 14 Tagen erfolgen könnte.

Darüber hinaus würde mich interessieren, ob es für mich trotz der Kündigung weiterhin möglich wäre, exklusive Artikel auf der Webseite zu lesen. Das wäre mir persönlich sehr wichtig, weil ich nicht gänzlich auf das Angebot verzichten möchte. Ich bedanke mich im Voraus für Ihr Verständnis und würde mich freuen, bald von Ihnen zu hören.

Mit freundlichen Grüßen

Friedrich Müller

**Wortanzahl: 127**

Sehr geehrtes Kollegium der Grundschule Holzhausen,

bit.ly/3aCJlRd

*Link oder QR-Code zum Audio-Diktat*

ich heiße Markus Riesler und bin ein Freund von Daniel Söllner, dem ein Ausschluss aus der Schule droht. Ich schreibe Ihnen, um meine eigene Sichtweise über den gestrigen Vorfall darzulegen.

Wie bereits oben angedeutet, wurde ich gestern Zeuge des Streites zwischen Daniel und Paul, dem Jungen aus seiner Klasse. Ich bin zwar erst später dazugekommen, aber ich habe deutlich gehört, welche Vorwürfe Paul Daniel gemacht hat. Seine genauen Worte waren: „Ich weiß schon, dass du mich bei Herrn Meier verpetzt hast. Du wirst es bereuen!" Dann hat er Daniel in die Seite geschubst, woraufhin Daniel sich zur Wehr setzte. Von seiner Seite kam aber definitiv keine Provokation oder gar Gewalt. Daher bitte ich Sie höflichst, einen passenden Kompromiss zu schließen und Daniels Strafe zu vermindern.

Mit achtungsvollen Grüßen

Markus Riesler

Wortanzahl: 136

Max Mustermann
Musterstraße 1
12345 Musterstadt

Oben links steht der Absender mit seiner vollständigen Adresse

Etwa 5 Zeilen darunter steht die vollständige Anschrift des Empfängers

Erika Musterfrau
Musterweg 1
67890 Musterstadt

Oben rechts stehen Ort und Datum des Absenders

Stadt, 01.08.2021

**Bekanntgabe der Brückentage im Schuljahr 2021/2022**

3–4 Zeilen darunter steht in fetten Buchstaben der Betreff (ohne das Wort Betreff!): Er gibt in wenigen Worten die Intention bzw. den Inhalt des Briefes an

Sehr geehrte Damen und Herren,

…………

Darunter folgt die korrekte Anrede, falls keine Namen bekannt sind: „Sehr geehrte Damen und Herren, …" oder auch nur „Guten Tag, …" Achtung, nach der Anrede folgt ein Komma!

Mit freundlichen Grüßen

Nach dem Briefinhalt steht die Schlussformel „Mit freundlichen Grüßen", „Freundliche Grüße" oder, wenn der Empfänger etwas bekannter ist, „Viele Grüße" Achtung, hier kein Komma!

Max Mustermann

Immer mit Vor- und Nachnamen unterschreiben

## Regeln

Die Zusammen- beziehungsweise Getrenntschreibung gehört zu einem der schwierigsten Bereiche der deutschen Rechtschreibung. Denn wie können wir eigentlich feststellen, ob bestimmte Wörter **getrennt oder zusammengeschrieben** werden? Hierzu gibt es glücklicherweise klare Regeln.

Normalerweise sind die verschiedenen Satzglieder wie Nomen, Verben und Adverbien voneinander getrennt. Wenn wir zum Beispiel einen Text auf der Tastatur des Computers eintippen, benutzen wir die Leertaste beziehungsweise das Leerzeichen, um damit die gegenseitige Eigenständigkeit der einzelnen Wörter grafisch zu markieren. So werden zum Beispiel auch die sogenannten **Verb-Verb-Verbindungen** wie „gehen lassen" oder „liegen bleiben" in der Regel getrennt geschrieben, weil die einzelnen Verben auch unabhängig voneinander in einem beliebigen Satz stehen können.

Eine **Ausnahme** von dieser Regel bilden allerdings **Adjektivierungen**: Das ist auch der Grund, warum die Adjektive in den Beispielen „das **liegengebliebene** Kind" und „der **verlorengegangene** Brief" *zusammengeschrieben* werden. Außerdem werden Verb-Verb-Verbindungen mit „bleiben" und „lassen" – wie etwa „stehenbleiben" und „platzenlassen" – **zusammengeschrieben**, weil diese eine **übertragene Bedeutung** haben.

Andere Verb-Verb-Verbindungen mit übertragener Bedeutung, wie zum Beispiel „übel nehmen" oder auch „lästig fallen", können *sowohl* getrennt als auch zusammengeschrieben werden. Das Rechtschreibwörterbuch Duden empfiehlt allerdings die **Getrenntschreibung**.

Es gibt aber auch Verbverbindungen, die bei Klein- und Getrenntschreibung eine **jeweils andere Bedeutung** annehmen können. Im Satz „Dieses Wort muss man kleinschreiben" deutet das zusammengeschriebene Verb darauf hin, dass hier die Rede von einem Rechtschreibprinzip ist. Beim Satz „Ich muss klein schreiben, weil auf dem Blatt wenig Platz ist" ist das Gegenteil der Fall – mit dem **getrennt** geschriebenen Verb ist nämlich die kleine Schrift gemeint. Dasselbe Prinzip kann auch auf

Verben wie „schönreden" und „schön reden", „großschreiben" und „groß schreiben" angewandt werden: In diesen Fällen trägt das zusammengeschriebene Verb eine eher übertragene Bedeutung, wohingegen das getrennt geschriebene Verb meist wortwörtlich gemeint ist.

Verben mit einem vorangestellten **Präfix**, wie zum Beispiel „übersetzen" und „fortfahren", werden hingegen **zusammengeschrieben** – egal, ob das Präfix eine Präposition oder ein Adverb ist. Nur in Kombination mit dem Verb „sein" werden Präfixe **getrennt** geschrieben – wie es der Fall bei den Wortverbindungen „dabei sein" und „auf sein" ist.

Die meisten **Substantiv-Verb-Verbindungen**, wie zum Beispiel „Pizza essen", „Ski laufen" oder auch „Rad fahren", werden wiederum getrennt geschrieben, wenn das Substantiv eine **eigenständige Bedeutung** hat und folglich auch ohne das Verb in einem Satz benutzt werden kann. Es gibt aber auch diverse Substantiv-Verb-Verbindungen, die **zusammengeschrieben** werden. Beispiele dafür sind unter anderem Verben wie „bergsteigen", „heimbringen" und „standhalten", bei denen das Substantiv *verblasst* ist und daher ohne eine nähere Erläuterung durch das Verb nicht eigenständig im Satz benutzt werden kann. Solche Verben, die mit *fehl-, feil-, heim-, irre-, kund-, statt-, preis-, wahr-, weis-,* und *wett-* beginnen, enthalten in der Regel ein verblasstes Substantiv und werden daher **zusammengeschrieben.**

Wurde aber aus einer Substantiv-Verb-Verbindung eine **Nominalisierung**, wie zum Beispiel „Skilaufen" oder „Radfahren", gebildet, so wird diese **zusammengeschrieben.** Denn hier entsteht erst durch die Kombination der beiden Teilwörter ein eigenständiges Wort. Diese Regel gilt nicht nur für nominalisierte Substantiv-Verb-Verbindungen, sondern auch für weitere Nominalisierungsarten.

Viele **zusammengesetzte Wörter**, in denen **Substantive** vorkommen, werden ebenfalls *zusammengeschrieben*. Das gilt sowohl für **Substantiv-Substantiv-Verbindungen** (wie „Haustür" und „Bettdecke") als auch für Wortverbindungen aus **Verb** und Substantiv (wie „Denkpause" und „Rennstrecke"), **Adjektiv** und Substantiv (wie „Blaulicht" und „kinderleicht") und **Präposition** und Substantiv (wie „Untergang" und „Aufgang"). Auch **Adjektiv-Adjektiv-** und **Adjektiv-Partizip-Verbindungen**, deren erster Bestandteil **nicht näher bestimmt** oder

**gesteigert** wurde, werden in der Regel **zusammengeschrieben**. Das ist auch der Grund, warum das Wort „ernstgemeint" zusammen-, die Wortverbindungen „viel ernster gemeint" und „äußerst ernst gemeint" aber **getrennt** geschrieben werden.

Außerdem werden **mehrteilige** Adverbien, Konjunktionen, Präpositionen und Pronomen **zusammengeschrieben**, wenn die Wortart eines oder mehrerer ihrer Bestandteile **nicht klar** ist. Gerade diese Regel ist der Grund für die Zusammenschreibung von Wörtern wie „sowieso", „diesmal", „sooft", „anhand" und „irgendein".
Satzglieder wie Nomen, Verben und Adjektive werden in der Regel getrennt geschrieben!

**Ausnahmen bilden**:

- Adjektivierungen („der verlorengegangene Brief")
- Bedeutungsunterschiede („Dieses Wort muss man kleinschreiben" = Rechtschreibregel; „Ich muss klein schreiben, weil zu wenig Platz ist" = Schriftgröße)
- Präfix + Verb („übersetzen", „fortfahren")
- Substantiv-Verb-Verbindungen, wenn das Substantiv keine eigenständige Bedeutung hat („bergsteigen", „standhalten")
- nominalisierte Substantiv-Verb-Verbindungen („Radfahren")
- Substantiv-Substantiv-Verbindungen („Haustür")
- Verb-Substantiv-Verbindungen („Denkpause")
- Adjektiv-Substantiv-Verbindungen („Blaulicht")
- Präposition-Substantiv-Verbindungen („Aufgang")
- Adjektiv-Adjektiv- und Adjektiv-Partizip-Verbindungen, die nicht näher bestimmt sind („nasskalt", „ernstgemeint")

**Sowohl Getrennt- als auch Zusammenschreibung ist möglich bei:**
Verb-Verb-Verbindungen mit übertragener Bedeutung („stehenbleiben" / „stehen bleiben")

## Diktate

### Schwierigkeitsstufe: leicht

#### Meine Kindheitsfreundin ist ein Star

bit.ly/3M9QeXd

*Link oder QR-Code zum Audio-Diktat*

Ich kenne Daniella, seitdem wir ganz klein waren. Wir haben früher nach der Schule immer zusammen gespielt. Noch damals war sie sehr gut im Schauspielern. Außerdem konnte sie fantastisch tanzen und singen, sodass sie auf Geburtstagspartys immer sehr beliebt war. Von daher wundert mich nicht, dass sie heute so erfolgreich in ihrem Beruf ist. Daniella hat in vielen weltbekannten Filmen gespielt, die ihr internationalen Ruhm gebracht haben. Für mich wird sie immer meine ultratalentierte Kindheitsfreundin bleiben.

**Wortanzahl: 76**

#### Ein herausfordernder Job

bit.ly/3MbeJTN

*Link oder QR-Code zum Audio-Diktat*

Der Job des Dolmetschers ist einer der schwierigsten überhaupt. Er muss gleichzeitig allen Gesprächspartnern zuhören, sich deren Aussagen merken und diese zeitnah an das Gegenüber übermitteln. Die Übersetzung ist eine feine Kunst, die über viele Jahre hinweg erlernt werden muss. Im Berufsalltag begegnen aber selbst Dolmetschern mit jahrelanger Erfahrung manchen Schwierigkeiten. Es ist zum Beispiel häufig gar nicht möglich, bestimmte Wörter eins zu eins aus der einen in die andere Sprache zu übersetzen. Jede Sprache hat ihre Eigenart und es ist die Aufgabe des Dolmetschers, das auch deutlich zu machen.

**Wortanzahl: 90**

### Wohin soll es als Nächstes gehen?

bit.ly/3m9l0Vq
*Link oder QR-Code zum Audio-Diktat*

Reisen ist mein Lieblingshobby. Seit meinem achtzehnten Geburtstag bin ich jedes Jahr für mindestens drei Monate unterwegs. Ich war schon fast überall auf der Welt: in Südamerika, Afrika und Australien. Für nächsten Monat plane ich eine größere Reise, aber wo sie entlanggehen sollte, weiß ich noch nicht so genau. Ich weiß nur, dass es mich diesmal eher in den Norden zieht. Vielleicht fliege ich einfach mal nach Norwegen oder England. Oder ich könnte ganz entspannt mit der Bahn in ein nahe gelegenes Nachbarland fahren. Eines ist sicher: Meine nächste Reise wird großartig!

Wortanzahl: 90

## Schwierigkeitsstufe: mittel

### Die Geburtstagsparty

bit.ly/3MfcLlo
*Link oder QR-Code zum Audio-Diktat*

Ich kann nächste Woche kaum erwarten. Am kommenden Mittwoch werde ich endlich sechzehn Jahre alt. Von nun an werde ich ein selbstbestimmtes Mädchen sein. Ab nächster Woche dürfte ich schon allein mit Freundinnen ins Restaurant oder auch in den Club gehen. Ich werde überall mit dabei sein und meine Eltern können mir nicht mehr vorschreiben, wo ich hingehen darf oder nicht. Ich weiß bereits, dass meine Freunde eine geheime Geburtstagsparty für mich organisiert haben. Wir werden es ordentlich krachen lassen, schließlich wird man nur einmal im Leben sechzehn. Also werde ich versuchen, das meiste aus meiner Jugendzeit zu machen.

Wortanzahl: 99

### Beim Friseur

bit.ly/3ainGxi
*Link oder QR-Code zum Audio-Diktat*

Bis vor Kurzem war ich eine ganze Weile von schrecklichem Liebeskummer geplagt. Eines Tages habe ich mich endlich dazu entschlossen, etwas gegen diese krisenhafte Situation zu unternehmen. Ich wusste, dass ich eine vielversprechende Veränderung wollte. Also bin ich zum Friseur gegangen, wo ich mir die Haare habe färben lassen. Ich habe von Natur aus lange hellblonde Haare, aber mich haben schon immer kupferbraune Töne fasziniert. Außerdem wollte ich noch ein bisschen mit meiner Haarlänge herumexperimentieren. Also habe ich mehr als die Hälfte meiner Haare abschneiden lassen. Das war natürlich eine Riesenveränderung für mich, die ich aber dringend nötig hatte.

**Wortanzahl: 99**

## Schwierigkeitsstufe: schwer

### Meine Löffelliste

bit.ly/3zcwjnD
*Link oder QR-Code zum Audio-Diktat*

Ich weiß, dass ich noch jung bin, aber es gibt viele Dinge, die ich gerne erleben will, bevor ich sterbe. Als ich sechzehn war, habe ich eine Liste voller verrückter Ideen zusammengestellt, die ich später einmal in die Tat umsetzen will. Ich will eines Tages mit einem Fallschirm springen, mit Delfinen im offenen Meer schwimmen, einen Rennwagen fahren und vieles mehr. Das Leben ist kostbar und allzu kurz. Deswegen sollten wir jeden Tag so leben, als gäbe es kein Morgen. Ich bin persönlich davon überzeugt, dass wir das Leben nur dann wirklich genießen können, wenn wir uns seiner Vergänglichkeit bewusst werden. Wenn wir endlich einsehen, dass jeder Tag nur einmal kommt, können wir in den Moment richtig eintauchen. Denn Zeit ist etwas Besonderes, was wir zu schätzen wissen müssen.

**Wortanzahl: 129**

## Das Tierreich Europas

bit.ly/3x6JvYJ

*Link oder QR-Code zum Audio-Diktat*

Europa ist ein Kontinent der Biodiversität. Hier sind viele Tierarten anzutreffen, die in anderen Ecken der Welt gar nicht so weit vertreten sind. So leben zum Beispiel in den Laubwäldern Europas heute noch viele Rothirsche, Wildschweine und Wildkatzen. Manche davon leben noch in ihren natürlichen Lebensräumen. Andere, die vom Aussterben bedroht sind, leben vermehrt in Nationalparks, wo ihr Bestand unter strenger Aufsicht steht. Mit der zunehmenden Industrialisierung und Kommerzialisierung der Waldregionen Europas geraten jedes Jahr immer mehr seltene Tiere auf die sogenannte Rote Liste der Weltnaturschutzunion. Wir müssen nicht zulassen, dass diese einzigartigen Tierarten zu unserer Lebzeit auf diese Liste kommen. Vielmehr müssen wir alles tun, was in unserer Kraft liegt, um diese bestmöglich zu schützen. Dazu müssten wir aber erst mal unser Konsumverhalten und unsere täglichen Lebensroutinen komplett neu überdenken.

Wortanzahl: 131

### Blitzmerker-Kästchen

Werden Kombinationen zusammengeschrieben, bleiben sie auch in anderen Zeitformen zusammen (sitzenbleiben – er ist sitzengeblieben).

Schreibe die Verbindung von Nomen und Verb zusammen, wenn vor das Nomen kein „kein“ gesetzt werden kann:

- Eis laufen oder eislaufen → Ich laufe kein Eis

→ ergibt keinen Sinn, also **zusammenschreiben** *eislaufen*

Achtung: Bei zusammengeschriebenen Wörtern werden alle Buchstaben ausgeschrieben, auch wenn dann mehrere Konsonanten hintereinanderstehen.

- Schifffahrt, Schritttempo, Geschirrreiniger

## Regeln

**Fremdwörter** gibt es im Deutschen eine Menge. Im Laufe der Jahre haben sich immer mehr davon in unsere Sprache eingeschlichen. Und obwohl die deutsche Sprache sehr ausdrucksvoll ist, erfüllen Fremdwörter eine bestimmte Funktion, die sie heutzutage nahezu unverzichtbar macht. So kennt zum Beispiel jeder von uns die Bedeutung des Wortes „Handy", obgleich dies kein deutsches Wort im klassischen Sinne ist. Umgekehrt würde auch keiner mehr „tragbares Telefon" sagen, wenn er sich aufs Handy beziehen will. Also erfüllen die vielen Anglizismen und sonstigen Fremdwörter, die in unserer Sprache reichlich vorhanden sind, in erster Linie eine Vereinfachungsfunktion. Und gerade da diese Wörter einem jeweils anderen Sprachsystem entstammen, werden sie meist anders als deutsche Wörter geschrieben.

Normalerweise können Fremdwörter im Deutschen auf zweierlei Weise geschrieben werden – entweder auf die für die Fremdsprache **übliche** oder auf die **eingedeutschte** Art. So kann man sowohl „Spaghetti" als auch „Spagetti" schreiben, wobei der Duden die italienische Schreibweise empfiehlt. Dasselbe gilt für das französische Wort „Portemonnaie", was auf Deutsch auch als „Portmonee" geschrieben werden kann. Ähnlich verhält es sich mit „Friseur"/„Frisör". Andere **französische und englische Wörter**, wie zum Beispiel „Chance", „Saison", „T-Shirt", „Jeans" und „Baby", haben wiederum **nur eine richtige Schreibweise** – die für die Fremdsprache **übliche**.

Fremdwörter, in denen die Lautkombination *ph* vorkommt, werden im Deutschen häufig mit einem *f* geschrieben. Beispiele für solche Wörter sind „Mikrofon"/„Mikrophon" und „Telefon". Auch Fremdwörter aus dem Altgriechischen, die auf *-fie* enden (wie zum Beispiel „Geografie" oder „Demografie"), werden in der Regel mit einem *f* geschrieben - **alternativ** kann man aber auch *ph* schreiben. Während *ph* in manchen Fällen keine Pflicht ist, muss es in anderen unbedingt **erhalten bleiben.**

Das ist auch der Grund, warum es **nur eine richtige Schreibweise** für die Wörter „Alphabet" und „Philosophie" gibt.

Eine ähnliche Regel besagt, dass die Lautkombination *th* in bestimmten Fremdwörtern (wie zum Beispiel „Thunfisch"/„Tunfisch") **bestehen bleiben kann, aber nicht unbedingt muss**. Andersherum gibt es aber auch Wörter, in denen die Lautkombinationen *th* und *rh* streng erhalten bleiben. Solche Wörter sind beispielsweise „Rhythmus", „Theater" und „Thema".

Ebenfalls wird die Lautkombination *ch* in den meisten Fremdwörtern im Deutschen **beibehalten** (Beispiel: „Charakter").

Das *y* kann wiederum entw**eder beibehalten oder aufgegeben werden**. So hat das Wort „System" nur eine richtige **Schreibweise**, während Wörter wie „Yacht"/„Jacht" und „Yoga"/„Joga" auf **zweierlei Weise** geschrieben werden können.

- viele Fremdwörter können auf die übliche oder eingedeutschte Art geschrieben werden („Friseur" vs. „Frisör")
- die Lautkombination *ph* wird im Deutschen oft zu *f* („Geographie" → „Geografie")
- die Lautkombination *th* wird oft auf *t* reduziert werden („Thunfisch" vs. „Tunfisch")
- der Laut *y* kann beibehalten oder durch *j* ersetzt werden („Yacht" vs. „Jacht")
- die Lautkombination *ch* bleibt meist erhalten („Charakter")

**Tipp**: Im Zweifel ist es immer besser, die Schreibung nach der Fremdsprache beizubehalten!

# Diktate

## Schwierigkeitsstufe: leicht

### Meine außergewöhnliche Mutter

bit.ly/3GLojfg

*Link oder QR-Code zum Audio-Diktat*

Jeden Morgen macht sie sich für die Arbeit fertig, bereitet das Frühstück für die Kinder zu und vergisst auch nicht, den Hund auszuführen. Das ist meine Mutter: Sie ist Krankenschwester und Erzieherin von fünf nicht immer braven Kindern. Ihr Job rettet Hunderte von Leben. Ihr Engagement und ihre Courage inspirieren mich immer wieder aufs Neue. Der Beitrag, den sie zu unserem gemeinsamen Familienleben leistet, ist einfach nur grandios. Sie ist das Band, das alles zusammenhält.

**Wortanzahl: 78**

### Ein typischer Sonntagmorgen

bit.ly/3m5nDYi

*Link oder QR-Code zum Audio-Diktat*

Sonntag ist in unserer Familie ein besonderer Tag. An Sonntagen gibt es bei uns ein deftiges Sonntagsfrühstück. Auf unserem Tisch dürfen dann Käsefondue und blanchiertes Gemüse auf keinen Fall fehlen. Gegen 10 Uhr werden dann die Desserts serviert. Dabei ist die Auswahl mehr als groß. Da ist für jeden etwas dabei: von Schokopudding über Zitronenkuchen bis hin zu Sahnetorte. Jeder von uns hat verschiedene Vorlieben, was das Essen angeht. Zum Beispiel ist mein Bruder ein Riesenfan der asiatischen Küche, während ich französische Spezialitäten bevorzuge. Genau deswegen ist unser Sonntagsfrühstück so abwechslungsreich.

**Wortanzahl: 94**

### Die italienische Sängerin

bit.ly/3m9bB0m
*Link oder QR-Code zum Audio-Diktat*

Üblicherweise gehe ich freitags immer mit meiner Familie ins Restaurant. Wir essen jedes Mal irgendwo anders, mal beim Portugiesen, mal beim Italiener, mal beim Chinesen. Allerdings muss ich zugeben, dass ich am liebsten beim Italiener esse. Denn in meinem italienischen Lieblingsrestaurant singt jeden Abend eine wunderschöne Sängerin. Sie hat einen besonderen Charme, mit dem sie das Publikum zu verzaubern weiß. Ihre Stimme kann einen euphorisch machen und in eine andere Welt entführen. Sie ist so etwas wie die Hauptattraktion im Restaurant. Es ist also verständlich, warum die Klientel hier dauernd anwächst.

**Wortanzahl: 94**

## Schwierigkeitsstufe: mittel

### Das passende Studium finden

bit.ly/3t9Vu6q
*Link oder QR-Code zum Audio-Diktat*

Fragst du dich manchmal, was du nach der Schule einmal studieren willst? Tatsächlich wissen viele Jugendliche selbst nach dem Schulabschluss nicht so genau, wo ihr wahres Potenzial liegt. In solchen Fällen ist es sicherlich hilfreich, erst einmal die eigenen Interessengebiete festzulegen. Interessiert man sich für Sprachen, so kann man ein entsprechendes Philologiestudium aufnehmen. Liegt ein besonderes Interesse an der menschlichen Psyche vor, ist ein Psychologiestudium zu empfehlen. Wer sich eher zu existenziellen Fragen hingezogen fühlt, sollte Philosophie oder Theologie studieren. Für den Zugang zu diesen begehrten Studiengängen braucht man allerdings eine gute Abiturnote und ein lückenloses Curriculum Vitae.

**Wortanzahl: 102**

## Eine hilfreiche Erfindung

bit.ly/3m7ibnZ

*Link oder QR-Code zum Audio-Diktat*

Der Computer wurde in den Vierzigerjahren des vorigen Jahrhunderts erfunden und gilt heute noch als eine der wichtigsten Innovationen seiner Zeit. Er besteht aus einer Hardware und Software. Mit Hardware sind die materiellen Komponenten des Rechners gemeint, wie etwa die Maus und die Tastatur. Der Begriff Software umfasst hingegen die Daten und Programme, die auf dem Rechner installiert worden sind. Ein wichtiger Bestandteil der Software ist unter anderem der Browser, der uns den Zugang zum Internet gewährt und den wir täglich nutzen. Dank seiner zahlreichen Funktionen können wir heutzutage fast alles machen, ohne uns dabei anstrengen zu müssen.

**Wortanzahl: 102**

## Schwierigkeitsstufe: schwer

bit.ly/3MaBwz6

*Link oder QR-Code zum Audio-Diktat*

### Harry Potter und der Stein der Weisen

Die „Harry Potter"-Reihe zählt zu den bekanntesten Fantasy-Romanen unserer Zeit. Die Verfilmung des ersten Bestseller-Romans aus der Reihe sorgte überall auf der Welt für viel Aufsehen. Bereits mit seiner Premiere ist der Film „Harry Potter und der Stein der Weisen" zu einem richtigen Blockbuster geworden. Die für das Genre typischen meisterhaften Animationen machen den Film umso mehr zauberhaft. Die „Harry Potter"-Reihe prägte eine ganze Generation, die mit ihren Büchern und Filmen aufgewachsen ist. Genau dieser Bücherreihe hat die Autorin Joanne Rowling ihre heutige internationale Popularität zu verdanken. Vor der Erscheinung des ersten „Harry Potter"-Romans wusste keiner so wirklich, was Wörter wie „Muggel", „Quidditch" und „Hogwarts-Express" bedeuten. Fragt man heute einen beliebigen Grundschüler nach deren Bedeutung, so würde er einen wahrscheinlich komisch angucken. Denn eigentlich sollte das heutzutage jedem bekannt sein.

Wortanzahl: 137

## Die Modeindustrie von heute

bit.ly/3N5NwDn

*Link oder QR-Code zum Audio-Diktat*

Dass die Modeindustrie eine der klimaschädlichsten Wirtschaftsbranchen ist, gilt als eine längst bewiesene Tatsache. Die CO2-Emissionen, die allein von der Textilindustrie ausgestoßen werden, liegen bei circa 2,1 Billionen Tonnen jährlich. Nur für die Herstellung eines beliebigen T-Shirts werden im Schnitt zwischen 2.700 und 15.000 Liter Wasser benötigt. Im Vergleich dazu braucht man nur 8.000 Liter, um eine Jeans herzustellen. Außerdem neigt die Modeindustrie bekanntlich dazu, unterbezahlte Arbeitskräfte aus sogenannten Entwicklungsländern in der Herstellung von Alltagskleidung zu engagieren. Diese und andere negative Herstellungsroutinen werden unter dem Begriff Fast Fashion gefasst. Dieser Begriff spielt auf das Konzept von Fast Food an und bezeichnet die Praxis, Alltagskleidung in kurzer Zeit und zu niedrigen Preisen herzustellen. In den letzten Jahren hat diese Praxis allerdings ordentlich für Unbehagen gesorgt, was zu vielen Boykottaktionen im Westen geführt hat.

Wortanzahl: 136

### Blitzmerker-Kästchen

Achte besonders auf Wörter mit *th, rh, ch* und *y* → hier handelt es sich oft um Fremdwörter.

Überlege, ob ph oder f richtig ist (*graph/phon*?)

Denke an das stumme *t* am Wortende, wenn hier auch die Betonung liegt.

Achte auf zial/tial und ziell/tiell.

Eingedeutschte Wörter auf *é/ée* werden mit *ee* geschrieben.

## Regeln

Generell können wir zwischen zwei Typen von Sätzen unterscheiden: zwischen **Hauptsätzen**, die Basisinformationen enthalten und somit allein für sich stehen, und **Nebensätzen**, die ergänzende Informationen beinhalten und daher erst in Kombination mit Hauptsätzen Sinn ergeben können. Haupt- und Nebensätze sind normalerweise mit **Konjunktionen** (wie zum Beispiel „aber" oder „weil") verbunden, die das Verhältnis beziehungsweise den Bezug der Teilsätze zueinander verraten (Widerspruch/Kausalität). Allerdings sind Konjunktionen keine Voraussetzung für die Herstellung einer logischen Verbindung zwischen zwei Teilsätzen. Daher sind auch einfache Aneinanderreihungen von Haupt- und Nebensätzen denkbar.

Typischerweise werden die verschiedenen Teilsätze mit Kommata voneinander getrennt. Das gilt sowohl für die Fälle, in denen eine Aneinanderreihung von Haupt- und Nebensatz vorliegt, als auch für die Fälle, in denen ein Bindewort zum Einsatz kommt. Auch einzelne Nebensätze müssen mit einem Komma voneinander getrennt werden.

Des Weiteren lassen sich Haupt- und Nebensätze mit Hilfe der Verbstellung in den Teilsätzen unterscheiden. Bei Hauptsätzen steht das Verb an erster oder zweiter Stelle, bei Nebensätzen hingegen steht es immer am Satzende. Üblicherweise sind Nebensätze einem Hauptsatz nachgestellt. Sie können ihm aber auch vorangestellt werden – in solchen Fällen sprechen wir von einem **Vordersatz**.

Darüber hinaus gibt es die sogenannten „**eingeschobenen Nebensätze**" (auch Zwischensätze genannt), welche den Hauptsatz in zwei Hälften gliedern. Im Satz „Der Hund, den ihr heute gesehen habt, gehört meiner Tante" wurde der Nebensatz direkt nach dem Bezugswort („der Hund") eingeschoben. Um den ergänzenden Satz von dem eigentlichen Hauptsatz abgrenzen zu können, müssten wir den Nebensatz mit **zwei Kommata** einschließen – einem am Anfang und einem am Ende des sogenannten eingebetteten Satzes.

## Diktate

### Schwierigkeitsstufe: leicht

bit.ly/3zdEsbE
*Link oder QR-Code zum Audio-Diktat*

Wenn die Erkältung kommt

Normalerweise werde ich nur noch selten krank. Allerdings bin ich am Wochenende mit ein paar Freunden im Wald campen gegangen, wo ich mir eine extreme Erkältung zugezogen habe. Jetzt liege ich seit drei Tagen im Bett, habe keinen Appetit und auch keine Lust, etwas dagegen zu unternehmen. Die Medikamente, die ich zurzeit nehmen muss, schmecken außerdem bitterer als Kaffee. In Zukunft werde ich sicherlich mehr darauf achten, warme Kleidung mitzunehmen, wenn ich in der Natur zelten gehe.

**Wortanzahl: 81**

Mein größtes Vorbild

bit.ly/3MfhmnE
*Link oder QR-Code zum Audio-Diktat*

In meinem Leben gibt es viele Menschen, die mich inspirieren. Einer dieser Menschen, die mich mit Hoffnung und Zuversicht in die Zukunft blicken lassen, ist mein Vater. Obwohl er eine schwierige Kindheit hatte, hat er niemals aufgegeben. Er hat sein Ziel bis zum Ende verfolgt und darf sich heute zu einem der erfolgreichsten Menschen in Deutschland zählen. Seine Ausdauer und Geduld, die ihn an die Spitze gebracht haben, motivieren mich dauerhaft. Ich hoffe, dass ich eines Tages auch nur einen Bruchteil von dem erreichen kann, was er bereits geschafft hat.

**Wortanzahl: 93**

### Ein normaler Tag auf dem Bauernhof

bit.ly/3tcWN4x
*Link oder QR-Code zum Audio-Diktat*

Ich und meine Familie sind gestern in den Urlaub gefahren. Dieses Jahr verbringen wir die Sommerferien auf einem großen Bauernhof, der im Herzen Bayerns liegt. Hier haben wir die Gelegenheit, uns vom Stress zu erholen und Zeit in der Natur zu verbringen. Allerdings haben wir auch hier tägliche Aufgaben, mit denen wir betraut wurden. Wir müssen die Hühner und Schweine zweimal am Tag füttern, die Pferdeställe sauber machen und die Schafe auf die Weide bringen. Das sind natürlich alles Aufgaben, die wir gerne übernehmen und die uns große Freude machen.

**Wortanzahl: 96**

## Schwierigkeitsstufe: mittel

### Das wahre Glück

bit.ly/3xcg8pa
*Link oder QR-Code zum Audio-Diktat*

Etwas, wonach sich jeder Mensch in seinem Leben sehnt, ist Glück. Was dieses kleine Wort aber genau bedeutet, ist nach wie vor umstritten. Denn Glück ist und bleibt ein höchst subjektives Konzept, das einer persönlichen Interpretation bedarf. Was mich glücklich macht, kann andere bekümmern und andersrum. Wichtig ist allerdings, dass man aktiv nach seinem individuellen Glück im Leben sucht. Wenn uns etwas, was wir tun, nicht glücklich macht, dann sollten wir das lieber unterlassen. Um das wahre Glück zu finden, müssen wir erst einmal viele verschiedene Dinge ausprobieren. Nur dann können wir uns ein zuverlässiges Bild vom Glücklichsein machen.

**Wortanzahl: 102**

### Meine erste Brieffreundin

bit.ly/3xbhb8P
*Link oder QR-Code zum Audio-Diktat*

Als ich jung war, war ich von der Idee begeistert, mit Menschen aus aller Welt kommunizieren zu können. Damals hatten wir keine Computer, die uns den Austausch ermöglichten. Statt miteinander zu chatten, haben wir uns Briefe geschrieben. Ich kann mich noch an meine erste Brieffreundin, Lizzy aus England, erinnern. Ich habe sie nie im echten Leben getroffen, aber ich weiß so viel über sie, dass ich sie problemlos auf der Straße erkennen könnte. Sie ist intelligent, selbstbestimmt und unglaublich lieb. Hätte ich die Möglichkeit gehabt, zu reisen, wäre ich mehrmals nach London geflogen, um mit ihr Zeit zu verbringen.

**Wortanzahl: 102**

## Schwierigkeitsstufe: schwer

### Die gesündesten Lebensmittel der Welt

bit.ly/3xcguMw
*Link oder QR-Code zum Audio-Diktat*

Essen ist bekanntlich die neue Medizin: Wer sich gesund und ausgewogen ernährt, braucht sich keine großen Gedanken um seine Gesundheit zu machen. Doch welche Lebensmittel gelten als besonders gesund und vitaminreich? Nüsse wie Mandeln und Paranüsse sind voll von Magnesium, Vitamin E und anderen wertvollen Nährstoffen, die für eine Senkung des Cholesterinspiegels sorgen. Hülsenfrüchte wie Linsen und Haferflocken enthalten wiederum viele Ballaststoffe, die gut für das Herzkreislaufsystem sind. Natürlich darf man auch Brokkoli und Äpfel nicht vergessen, die freie Radikale, welche Entzündungen im Körper verursachen können, bekämpfen. In den letzten paar Jahren wurden die gesundheitlichen Vorteile der sogenannten Superfoods wie Heidelbeeren und Avocados noch mal genauer erforscht. Daraus ergab sich, dass diese die Fähigkeit besitzen, den Blutdruck zu senken und vor Krankheiten wie Adipositas und Alzheimer zu schützen.

**Wortanzahl: 132**

## Die Wichtigkeit von Fremdsprachen

bit.ly/3MbJg47

*Link oder QR-Code zum Audio-Diktat*

Auf der Welt existieren derzeit rund 7.000 verschiedene Sprachen. So sehr sie sich alle voneinander unterscheiden, weisen sie trotzdem bedeutsame Gemeinsamkeiten auf: Zum Beispiel hat fast jede Sprache einzigartige, sich nach Region unterscheidende Dialekte. Darüber hinaus bilden Sprachen, die gleiche Wurzeln und einen ähnlichen Klang haben, eigene Sprachgruppen. Das ist auch der Grund, warum Menschen, die bereits eine oder zwei ähnliche Sprachen können, das Erlernen einer weiteren Sprache aus der gleichen Sprachfamilie eher leicht fällt. Das Beherrschen mehrerer Fremdsprachen ist nicht nur förderlich für die persönliche Weiterentwicklung, sondern es wird auch zunehmend im Berufsleben nachgefragt. Fremdsprachen sind der Schlüssel zum Erfolg, denn wer viele verschiedene Sprachen kann, kann sich in einem internationalen Umfeld besser orientieren. Es ist also kein reiner Zufall, dass in der Schule so viel Wert auf das Erlernen von Fremdsprachen gelegt wird.

Wortanzahl: 139

### Blitzmerker-Kästchen

- Nebensätze können nicht allein stehen.
- In Nebensätzen steht das konjugierte Verb am Satzende.
- Haupt- und Nebensatz werden durch Komma abgetrennt.
- Eingeschobene Nebensätze werden durch Komma *am Anfang und am Ende* abgetrennt.
- Vor Relativpronomen, die den Haupt- mit dem Nebensatz verbinden, steht ein Komma.

# APOSTROPH

## Regeln

**Apostrophe** haben vielfältige Funktionen. Wir benutzen sie meist, um **Auslassungen** und **Abkürzungen** in der schriftlichen Rede deutlich zu machen.

Zum Beispiel wird vor allem in der mündlichen Kommunikation das Pronomen „es" sehr häufig der Einfachheit halber zu einem „s" abgekürzt. Wenn wir dann in die schriftliche Sprache wechseln, haben wir zwei Möglichkeiten: Wir können entweder einen Apostroph an der Stelle des fehlenden Buchstabens setzen („Wie geht's dir?") oder aber auf den Apostroph verzichten und die zwei Wörter zu einem einzigen „verschmelzen" lassen. Die zweite Möglichkeit haben wir allerdings nur, wenn das (verschmolzene) Wort auch in dieser Form **lesbar** beziehungsweise verständlich bleibt. Im Satz „'s ist schon ziemlich spät" ist das zum Beispiel nicht mehr der Fall – deswegen brauchen wir hier unbedingt einen Apostroph, der die Abkürzung erkennbar und lesbar macht.

Ähnlich verhält es sich auch mit der Abkürzung von Artikeln wie „einen"/„eine" und „den"/„das". Im Satz „Hast du 'nen Stift für mich?" wird die Abkürzung des Artikels erst durch den Apostroph sichtbar und verständlich.

Wenn aber bei **Befehlen, Aufforderungen** oder anderen **Einzelwörtern** das **Schluss-e** ausgelassen wurde (zum Beispiel „bring" statt „bringe" oder „heut Abend" statt „heute Abend"), wird an seine Stelle **kein Apostroph** gesetzt. Das Gleiche gilt für manche **Wiederholungsadverbien** („montags", „abends"), bestimmte **Kurzformen von Adverbien** („runter" statt „herunter") und umgangssprachliche **Verschmelzungen von Präpositionen und Artikeln** („aufs" statt „auf das").

Darüber hinaus können Apostrophe auch benutzt werden, um ein **Zugehörigkeitsverhältnis** auszudrücken. Bei Eigennamen, die auf einen **S-Laut** („s", „ss", „ß", „z", „tz", „x" oder „ce") enden, muss ein Apostroph gesetzt werden, der die Beziehung zwischen Besitzer und Besitz klar verdeutlicht (Beispiel: „Feli**x'** Brille"). Allen anderen Namen wird ein einfaches **Genitiv-S** angehängt („Schiller***s*** Gedichte"), womit sich die Notwendigkeit eines Apostrophs erübrigt.

Bei den sogenannten **Namensadjektiven** (Beispiel: „die Grimm'schen Märchen") wird das Zugehörigkeitsverhältnis in der Regel mit der Endung *-sch* ausgedrückt. Auch im Fall der Namensadjektive können wir zwischen zwei **alternativen Schreibweisen** wählen: Wir können entweder ganz auf den Apostroph verzichten (dann wird das Adjektiv **kleingeschrieben**) oder diesen einfach zwischen dem Eigennamen und der Endung setzen (hier ist die **Großschreibung** vorausgesetzt). Dabei entspricht die erste Variante (kleingeschrieben ohne Apostroph) der **neuen Rechtschreibung**. Diese Schreibweise wird auch vom Duden empfohlen.

Im Gegensatz zum **Deutschen** wird der Apostroph im **Englischen** fast immer **vor dem abschließenden** S gesetzt („the girl's purse"). Wenn das bestimmende Nomen aber im **Plural** steht, muss der Apostroph erst **nach dem S** gesetzt werden („the girls' purses").

Auslassungen & Abkürzungen

- „Wie geht's dir?" → „Wie gehts dir?" ebenfalls möglich
- Apostroph ist Pflicht, wenn ohne die Verständlichkeit gefährdet ist:
  - „Es ist schon spät" vs. „'s ist schon spät"
  - „Hast du 'nen Stift?" vs. „Hast du nen Stift?"

Verdeutlichung von Zugehörigkeitsverhältnissen

- Bei Namen, die auf s-Laut enden („Felix' Brille")
- in allen anderen Fällen Genitiv

Namensadjektive:

- „Grimm'sche Märchen"
- Alternative ohne Apostroph: „grimmsche Märchen"

# Diktate

## Schwierigkeitsstufe: leicht

### Die Rentiere des Weihnachtsmanns

bit.ly/3xapJww
*Link oder QR-Code zum Audio-Diktat*

Der Schlitten des Weihnachtsmanns wird von neun Rentieren gezogen. Das wohl bekannteste davon ist Rudolf mit der roten Nase. Immerhin wissen die meisten Menschen nicht, dass Rudolf nicht Santa Claus' Liebling ist. Denn Santas Lieblingsrentier heißt Donner. Außerdem wurde nicht nur Rudolfs, sondern auch Donners Geschichte in einem entsprechenden Zeichentrickfilm erzählt. Ein anderer Fakt, der nur den wenigsten Menschen bekannt sein wird, lautet: Wissenschaftlichen Untersuchungen zufolge sollen Rudolf und die anderen Rentiere des Weihnachtsmanns alle weiblich sein. Wer hätte das schon gedacht?

**Wortanzahl: 86**

### Klaus' neue Schuhe

bit.ly/3NaUG9t
*Link oder QR-Code zum Audio-Diktat*

Dieses Jahr hat Klaus neue Schuhe zu Weihnachten bekommen. Ein besseres Weihnachtsgeschenk hätte er sich nicht wünschen können. Denn Klaus spielt regelmäßig Fußball im Schulverein. Heute gehört er zu einem der besten Jugendspieler Chemnitz'. Klaus' Hobby war schon immer Fußball spielen. Also hat er mit sieben Jahren einen persönlichen Trainer namens Helmut Kramer bekommen, der ihm dabei helfen sollte, sein Talent völlig zu entfalten. Klaus hat Herrn Kramers Rat, sein außergewöhnliches Talent nicht zu unterschätzen, eifrig befolgt. Seinen heutigen Erfolg hat er also vor allem seinem ehemaligen Trainer zu verdanken.

**Wortanzahl: 93**

### Deutschland sucht den Superstar

Eine meiner Lieblingssendungen im Fernsehen heißt Deutschland sucht den Superstar. In diesem Fernsehformat treten die größten Talente Deutschlands gegeneinander an. Interessant ist, dass die meisten erfolgreichen Künstler genau durch solche Wettbewerbsauftritte bekannt geworden sind. Eine meiner Lieblingssängerinnen war ebenfalls bei Deutschland sucht den Superstar: Mandy Mettbachs emotionsvolle Stimme hat einst sogar Dieter Bohlen zu Tränen gerührt. Damit ist sie zu einem der Lieblinge Bohlens in der siebzehnten Staffel geworden. Sonntag nachmittags setze ich mich immer voller Aufregung vor den Fernseher, denn ich weiß: Heute kommt noch etwas Großartiges im Fernsehen.

bit.ly/3MeJTJY
*Link oder QR-Code zum Audio-Diktat*

**Wortanzahl: 94**

## Schwierigkeitsstufe: mittel

bit.ly/3GJciqz
*Link oder QR-Code zum Audio-Diktat*

### Der französische Präsident

Frankreichs Präsident Emmanuel Macron ist einer der mächtigsten Weltführer unserer Zeit. Doch bevor er Präsident wurde, war er ein einfacher Junge, der sich von Philosophie und Politik begeistern ließ. In seiner Schulzeit hat er aber nicht nur seine Leidenschaft für die Politik entdeckt, sondern auch noch seine künftige Ehefrau kennengelernt. Im Jahr 2017, als Macron zum Präsidenten gewählt wurde, wurde die ehemalige Lehrerin Brigitte Trogneux Frankreichs erste Dame. Man könnte vielleicht denken: „'s ist einfach nur verrückt, die beiden haben 25 Jahre Altersunterschied". Fakt ist aber nun, dass Liebe nach wie vor eines der größten Geheimnisse des Lebens bleibt.

**Wortanzahl: 102**

### Des Kaisers neue Kleider

bit.ly/3x99K1C

*Link oder QR-Code zum Audio-Diktat*

Kindermärchen können manchmal lehrreicher sein, als man denken würde. Das Märchen „Des Kaisers neue Kleider" erteilt uns eine wertvolle Lektion über den Wert der Wahrheit. Im Andersen'schen Märchen wird die Geschichte eines naiven Königs erzählt, der sich unsichtbare Gewänder weben lässt und mit diesen dann vor seinem Volk erscheint. Während alle anderen Menschen so tun, als würden sie die Gewänder sehen können, traut sich ein einziges Kind die Wahrheit laut auszusprechen. Erst nachdem das passiert ist, ist die Realität allen Bewohnern des Königreichs klargeworden. Diese Geschichte zeigt uns, was unsere Worte bewirken können und welches Gewicht sie tatsächlich haben.

**Wortanzahl: 103**

## Schwierigkeitsstufe: schwer

bit.ly/3mcAFmQ

*Link oder QR-Code zum Audio-Diktat*

### Die Kindheit des Michael Schumacher

Es gibt auf der Welt kaum andere deutsche Profisportler, die so bekannt sind wie Michael Schumacher. Der Formel-1-Star wurde in einer Familie geboren, die sein Talent von früh auf erkannte und förderte. Mit vier Jahren hat Michael sein erstes Kettcar vom Vater geschenkt bekommen. Ein Jahr später zeigte sich Michaels Geschicklichkeit in einem Kartrennen, bei dem er mühelos gewann. Als er klein war, hat er vor allem die gemeinsamen Winterferien mit seinem Bruder Ralf genossen, denn nur dann hatten die beiden die Möglichkeit, Zeit miteinander zu verbringen. Viele Jahre später würde sich auch Ralfs Talent zeigen und er würde dann Schulter an Schulter mit Michael in der Formel 1 fahren. Michael Schumacher ist Deutschlands ganzer Stolz im Bereich des Motorsports, denn Schumachers Erfolg machte das Land ganze zwölfmal zum Weltmeister.

**Wortanzahl: 135**

## Der Zirkus der Sonne

bit.ly/38JRym2

*Link oder QR-Code zum Audio-Diktat*

Neulich habe ich eine Aufführung des kanadischen Zirkusses der Sonne in Berlin besucht. Das, was ich dort gesehen habe, hat mich tief beeindruckt, denn solche meisterhaften Künstler gibt es auf der Welt nur eine Handvoll. Mit Löwen durch die Bühne laufen, auf Leitern rauf- und runterklettern, mit verschiedensten Gegenständen jonglieren: All diese und viele andere Kunststücke führen die talentierten Akrobaten dem gebannten Publikum vor. Kanadas erfolgreichstes Unterhaltungsunternehmen ist weltbekannt und überall beliebt. Seit der Gründung im Jahr 1984 haben die Künstler des Zirkusses Tausende Auftritte im In- und Ausland gemacht. Am Ende jeder Aufführung gibt's dann wohlverdienten Applaus. Die Geschichte des Zirkusses der Sonne ist so bewegend und außerordentlich, dass bereits mehrere Filme darüber gedreht worden sind. Der Zirkus wird auch in Zukunft mit neuen Tourneen überraschen, hieß es letztlich vom Vorstand. Auf geht's Kanada!

Wortanzahl: 139

### Blitzmerker-Kästchen

IMMER Apostroph bei

– Genitiven auf ‚s' und Laute, die ähnlich klingen

→ Jonas' Brille, Felix' Auto

KEIN Apostroph bei Genitiven ohne s und bei Pluralmarkierungen

→ Annas Nagelstudio, die Infos

# Fehlerauswertung

Fehler sind nun mal ein natürlicher Teil des Lernprozesses. Sie gehören einfach zum Lernvorgang dazu und sollten nicht verabscheut werden. Vielmehr sollten sie als eine Chance begriffen werden, mit der sich das bereits Gelernte noch einmal optimieren lässt. Außerdem sind nicht alle Fehler ein Zeichen dafür, dass man ineffizient gelernt hat. Häufig entstehen durch ungenaues Hinhören oder fehlerhaftes Diktieren die sogenannten Flüchtigkeitsfehler, die unter anderen Umständen hätten vermieden werden können.

Wichtig ist allerdings, dass man seine Fehler systematisch und chronologisch betrachtet. Um die eigene **Fehlerquote** zu berechnen, muss erst einmal die Anzahl der Fehler festgestellt werden. Diese wird dann mit 100 multipliziert. Abschließend wird das im vorherigen Schritt erhaltene Ergebnis durch die Wortanzahl des Textes geteilt. Der Prozentsatz, der sich aus dem Ganzen ergibt, entspricht der Fehlerquote für den jeweiligen Diktattext. Zur Orientierung: Wenn man in einem Diktat mit 130 Wörtern zehn Fehler gemacht hat, dann entspricht das einer Fehlerquote von 7,7 Prozent. (10 x 100 = 1000. 1000/130 = 7,7). Die Fehlerquoten können je nach Schwierigkeitsstufe unterschiedlich sein. Zum Beispiel sind für höhere Schwierigkeitsstufen größere Fehlerquoten typisch, weil diese generell mehr „Tücken" enthalten. Die Fehlerauswertung beginnt bereits mit der Korrektur des Diktats. Das Diktat kann sowohl vom Schüler selbst als auch vom Elternteil oder Lehrer korrigiert werden. Damit das Kind mit den eigenen Fehlern konfrontiert wird, wird generell die Selbstkorrektur empfohlen. Gegebenenfalls kann auch eine Nachkontrolle durch einen Erwachsenen stattfinden. Die Rechtschreibung von bestimmten schwierigen Wörtern kann in Wörterbüchern wie Duden oder Langenscheidt schnell und praktisch auch online nachgeschlagen werden. In den meisten Fällen werden in den hier vorgeschlagenen Diktaten typische Rechtschreibfälle und -regeln geübt, die bereits in den Merkkästchen am Anfang jedes Kapitels behandelt worden sind. Bei der Korrektur muss jedenfalls berücksichtigt werden, dass für bestimmte Wörter mehrere alternative Schreibweisen existieren. Dabei ist es ratsam, die vom Duden empfohlene Schreibweise durchgängig im Text zu verwenden. Ist das aber nicht der Fall, wird diese Inkonsequenz in der Regel nicht als Fehler gezählt. Des Weiteren müssen auch mehrere Fehler innerhalb eines Wortes einzeln gezählt werden – unabhängig davon, welcher Natur sie sein mögen.

Für die Entdeckung bestimmter Fehlermuster muss darüber hinaus ein geeignetes Korrektursystem entwickelt werden. So können zum Beispiel falsch geschriebene Wörter im Text durchgestrichen und an den Rand noch einmal richtig geschrieben werden. Wörter, die im diktierten Text fehlen, können wiederum durch ein Einfügungszeichen im Text angedeutet und am Rand ergänzt werden. Überflüssige Buchstaben in bestimmten Wörtern können mit einem anderen Zeichen gekennzeichnet werden – zum Beispiel mit einer Tilde, die die Form einer Schlangenlinie trägt und als Zeichen für eine Wiederholung eingesetzt wird. Wörter, die eigentlich zusammengeschrieben gehören, vom Schüler aber getrennt geschrieben wurden, können mit einem Bogen darüber verbunden und markiert werden. Demgegenüber können Wörter, die zusammengeschrieben wurden, aber grundsätzlich getrennt geschrieben gehören, mit einem vertikalen Strich voneinander abgetrennt werden. Nicht selten werden aber auch Wörter, die eigentlich richtig geschrieben worden sind, versehentlich korrigiert.

Um eine überflüssige Korrektur rückgängig zu machen, können drei Punkte unter das betreffende Wort im Text gesetzt und das am Rand fälschlicherweise korrigierte Wort durchgestrichen werden. Wenn am Ende dann alle entsprechenden Zeichen und Wortkorrekturen am Rand nebeneinanderliegen, bekommt man einen guten Überblick über häufig gemachte Fehler. Es lohnt sich also durchaus, diese mit den Fehlerquoten immer „mitzuprotokollieren" und für spätere Fortschrittsbewertungen aufzubewahren.

Meine häufigsten Fehler:

| | | | |
|---|---|---|---|
| | | | |
| | | | |
| | | | |
| | | | |
| | | | |
| | | | |
| | | | |
| | | | |
| | | | |
| | | | |
| | | | |
| | | | |
| | | | |
| | | | |
| | | | |
| | | | |
| | | | |

# Mein Fortschritt

Fortschritt ist das Ziel, das große Ganze, das immer im Auge behalten werden sollte. Er ist aber kein Selbstzweck, sondern vielmehr das Ergebnis harter und kontinuierlicher Arbeit. Fortschritt kann – im Gegensatz zu vielen anderen Dingen im Leben – von heute auf morgen gemacht werden. Um die eigenen Rechtschreibskills zu verbessern, reichen selbst fünf bis dreißig Minuten Übung pro Tag. Dabei bleibt das Wichtigste nach wie vor, nicht aufzugeben und fleißig weiterzumachen, auch wenn es mal schwieriger als anfangs gedacht wird! Nachkommend findet man zur Erleichterung eine Tabelle, in welche spezifische Daten eingetragen werden können, an denen sich der individuelle Fortschritt bestimmen und längerfristig zurückverfolgen lässt.

| **Diktattitel** | **Datum** | **Wortanzahl des Diktats** | **Fehlerquote:** *Fehleranzahl x 100. Ergebnis / Diktat-Wortanzahl = Fehlerquote.* | **Häufig vorkommende Fehler** |
|---|---|---|---|---|
| | | | % | |
| | | | % | |
| | | | % | |
| | | | % | |
| | | | % | |
| | | | % | |
| | | | % | |
| | | | % | |
| | | | % | |
| | | | % | |
| | | | % | |
| | | | % | |
| | | | % | |
| | | | % | |
| | | | % | |
| | | | % | |
| | | | % | |
| | | | % | |
| | | | % | |
| | | | % | |
| | | | % | |
| | | | % | |
| | | | % | |

| | | | % | |
|---|---|---|---|---|
| | | | % | |
| | | | % | |
| | | | % | |
| | | | % | |
| | | | % | |
| | | | % | |
| | | | % | |
| | | | % | |
| | | | % | |
| | | | % | |
| | | | % | |
| | | | % | |
| | | | % | |
| | | | % | |
| | | | % | |
| | | | % | |
| | | | % | |
| | | | % | |
| | | | % | |
| | | | % | |
| | | | % | |
| | | | % | |
| | | | % | |
| | | | % | |
| | | | % | |

Fortschritt kann aber bekanntlich nicht immer konstant bleiben. Dafür kann es verschiedene Gründe geben – vielleicht hat man keine Motivation mehr oder man wird immer wieder durch nebensächliche Dinge abgelenkt. Glücklicherweise lassen sich für solche und ähnliche Probleme ganz einfache Lösungen finden, die auch noch Spaß machen können. Im Folgenden werden zehn kleine Konzentrationsübungen und Merkspiele vorgestellt, die einem dabei helfen, sich für den Lernprozess wieder begeistern zu lassen.

### 1. Dem Sekundenzeiger folgen

Eine sehr einfache, aber gleichsam intensive Übung besteht darin, eine Minute lang dem Sekundenzeiger einer Uhr zu folgen. Mit dieser Übung lassen sich die zwei Gehirnhälften aktivieren, was später beim Diktatüben die Interpretation von Klangmustern einerseits und das Zusammenstellen von Wörtern andererseits erleichtert.

### 2. Rückwärts buchstabieren

Rückwärts buchstabieren kann auch sehr effektiv sein, um ein feines Bewusstsein für die Anordnung der Buchstaben in bestimmten Wörtern zu entwickeln. Selbstverständlich ist diese Übung auch dazu hilfreich, sich die Rechtschreibung von Wörtern auf eine spielerische Art und Weise zu merken – ganz ohne etwas aufschreiben zu müssen. Durch das Visualisieren der Rechtschreibung im Kopf wird die kognitive Leistung noch mal erhöht.

### 3. Zahlenreihen

Eine andere Übung, die mit der freundlichen Hilfe eines Erwachsenen ausgeführt werden kann, ist das Aufsagen von Zahlenreihen. Dabei denkt man sich beliebige Zahlen aus, schreibt sich diese zur Sicherheit auf und spricht sie laut nacheinander aus. Dabei soll sich das Kind die Zahlenreihe merken und diese wiederholen. In jeder neuen Runde wird eine weitere Zahl hinzugefügt. Die Übung wird idealerweise drei- oder viermal wiederholt, wobei die Anzahl der sich zu merkenden Zahlen zehn nicht übersteigen sollte.

### 4. Ähnliche Bilder beschreiben

Ähnliche Bilder, die abwechselnd nacheinander gezeigt werden, können ebenfalls dazu genutzt werden, die Logik und die Konzentration der Kinder zu fördern. Dabei wird jedes Bild für eine Minute gezeigt, woraufhin die Kinder gebeten werden, dieses im Detail zu beschreiben. In der nächsten Runde müssen sie dann erklären, was sich hier im Vergleich zum vorherigen Bild geändert hat. Diese Übung kann beliebig oft wiederholt und sogar noch als Bonus dem Kind im Anschluss einer Diktiereinheit vorgeschlagen werden.

### 5. Das gehörte Bild

Eine etwas andere Übung nennt sich „das gehörte Bild" und kombiniert verschiedene Komponenten der klassischen Merkspiele. Hierbei muss sich der Elternteil oder Lehrer zehn beliebige Begriffe ausdenken, die dem Kind dann langsam und nacheinander vorgesagt werden. Anschließend wird dem Kind die Aufgabe gegeben, ein Bild binnen zwei Minuten zu malen, auf dem alle vorher genannten Begriffe zu sehen sind. Die hier beschriebene Übung fördert besonders das mehrdimensionale Denken, die Kreativität und die Vorstellungskraft.

### 6. Namen aufsagen

Eine der wahrscheinlich einfachsten Übungen, mit denen sich die Aufmerksamkeit wiederherstellen lässt, ist das Aufsagen von Namen aus dem Gedächtnis heraus. Dabei soll das Kind die Namen seiner besten Freunde, Bekannten und Verwandten oder seiner Lieblingscharaktere aus diversen Büchern und Filmen nennen. Noch besser wäre es, wenn auch die Nachnamen und die entsprechenden Beziehungen zwischen den einzelnen Menschen benannt werden könnten. Der Vorteil dieser Übung ist, dass sich dadurch Assoziationen und sonstige gedankliche Strukturen miteinander bündeln lassen.

### 7. Zungenbrecher

Auch Zungenbrecher üben kann förderlich für die Konzentration sein. Dabei soll das Ziel sein, die Zungenbrecher fehlerfrei und so schnell wie möglich aufzusagen. Die Übung kann noch interessanter und unterhaltsamer gestaltet werden, indem sie auf Englisch durchgeführt wird. Derartige sprachlich pointierte Aufgaben veranlagen das Kind dazu, die internen Strukturen der verschiedenen Sprachen zu reflektieren und bewusst als solche zu erkennen.

### 8. Spiegelverkehrtes Schreiben

Eine etwas herausfordernde Übung ist unter anderem das spiegelverkehrte Schreiben. Man beginnt zuerst mit seinem eigenen Namen und versucht es anschließend mit längeren Wörtern oder sogar ganzen Sätzen. Ob die einzelnen Buchstaben tatsächlich richtig geschrieben wurden, kann schließlich mit einem Spiegel überprüft werden. Diese Übung ist vor allem für die Entwicklung des Perspektiven- und Weitsichtdenkens und auch für die Entfaltung der kreativen Fähigkeiten gut.

### 9. Ich packe meine Koffer

Das beliebte Gruppenspiel „Ich packe meinen Koffer und nehme mit..." ist ebenfalls ein wunderbares Mittel, mit welchem sich die Erinnerungsleistung fördern lässt. In diesem Spiel wechseln sich die Spieler darin ab, verschiedene Gegenstände zu nennen. Wer eine bereits genannte Angabe macht, fliegt raus. Wer als Letzter übrigbleibt, wird der Gewinner. Je mehr Menschen mitspielen, desto schwieriger wird das Spiel und desto mehr kognitive Leistungen müssen erbracht werden.

### 10. Scrabble

Scrabble ist ein weiteres Spiel, das nicht nur Spaß, sondern auch schlau macht. Denn hier wird ganz nebenbei und unbewusst die Rechtschreibung von oft gebräuchlichen Wörtern geübt. Hierbei ist das primäre Ziel, aus zufälligen Buchstaben grammatikalisch korrekte Wörter zu bilden. Es kommen noch strategische und wettbewerbliche Elemente hinzu, denn es gibt bestimmte Wortkombinationen, die mehr Punkte als andere bringen und einem deutliche Vorteile im Spiel verschaffen können. All diese Faktoren regen die Spieler zu Höchstleistungen an. Das Spiel ist übrigens sehr gut für die Erweiterung des Wortschatzes geeignet und kann auch ohne Spielbrett und Buchstabensteine gespielt werden. Alles, was man für ein Scrabble-Spiel braucht, ist gute Laune und ein bisschen Fantasie.

### Ein letzter Tipp

Diese und weitere lustige Merkspiele können vor Beginn oder zwischen den einzelnen Diktiereinheiten didaktisch eingesetzt werden, um die Motivation und die Aufmerksamkeit des Schülers auf einem hohen Niveau aufrechtzuerhalten. Eine der besten Lernmethoden, die sich für nahezu alle Lerntypen bietet, bleibt nach wie vor das Bücherlesen. Wer viel und gerne liest, verfügt in der Regel auch über einen reichen Wortschatz und weitreichende Sprachkompetenzen. Wer das nicht gerne mag, braucht einfach die richtige Motivation dafür. Besonders bei Schulkindern lässt sich die Begeisterung für bestimmte Themenbereiche relativ leicht wecken. Bunte Klebezettel und liebevoll gestaltete Lernplakate können eine einfache Lösung für die meisten Motivationsprobleme sein. Lernen geht nämlich auch anders – es muss nicht immer lästig und mit viel Aufwand verbunden sein: Denn Fortschritt kann selbst Schritt für Schritt und mit beliebig vielen Pausen dazwischen gelingen.

# Vom Schreibmuffel zum Rechtschreibprofi

Rechtschreibung gehört zu den wichtigsten Kompetenzen, die jeder von uns früher oder später erwerben muss. Besonders in der Schule wird großen Wert auf die Schreibkompetenz gelegt. Es gibt viele Lernmethoden, mit denen sich die deutsche Rechtschreibung erlernen lässt. Eine der zuverlässigsten davon bleibt nach wie vor das Diktat.

Im Diktat werden alle wichtigen Sprachkompetenzen wie die Schreib-, Lese- und Hörkompetenz entwickelt. Das ist auch der Grund, warum es sich über längere Zeit hinweg als eines der wichtigsten pädagogischen Mittel im Lehralltag bewährt hat. Es gibt bekanntlich verschiedene Lerntypen, die alle unterschiedliche Bedürfnisse und Anforderungen an den Lernprozess haben. Mit der richtigen Herangehensweise lassen sich alle Lerntypen für die Methode des Diktats begeistern, denn es existieren verschiedene Formen von Diktaten – es gibt sowohl klassische als auch „moderne" und spielerische Techniken, die für jeden etwas zu bieten haben. Auch etwaige Formalitäten wie das typische Lehrer-Kind-Diktierverhältnis können an die spezifischen Bedürfnisse des Schülers angepasst werden.

So gibt es die Möglichkeit, entweder komplett selbstständig oder mit Freunden und eventuell auch mit Erwachsenen Diktate zu üben. Auch die technischen Umsetzungsmöglichkeiten sind vielfältig, sodass man die freie Wahl zwischen dem klassischen Vorlesediktat und internetbasierten interaktiven Diktatformen hat.

In diesem Buch finden sich ganze hundert Diktate, die alle zentralen Rechtschreibthemen der dritten und vierten Klasse behandeln und in drei Schwierigkeitsstufen aufgeteilt sind. Die dazugehörigen Rechtschreibregeln wurden in jedem Kapitel ausführlich erklärt und mit Beispielen versehen. Somit ist man bestens für die anschließende Übungsphase ausgestattet.

Wichtig ist bei alldem, stets auf kindgerechte Diktiertechniken zu achten, genügend Pausen einzuplanen und konsequent zu bleiben. Ein entsprechend übersichtliches System zur Feststellung von Fehlermustern ist außerdem höchst empfehlenswert. So lassen sich auch Erfolge, Misserfolge und der damit zusammenhängende Lernfortschritt langfristig in der Zeit zurückverfolgen. Schließlich kann mit genügend Motivation, der passenden Menge an Zeit und beständigem Üben jeder Schreibmuffel zum Rechtschreibprofi werden!

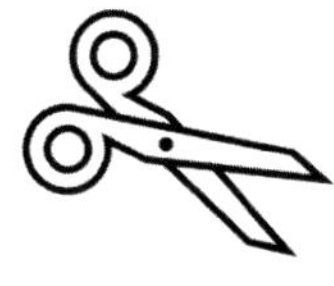

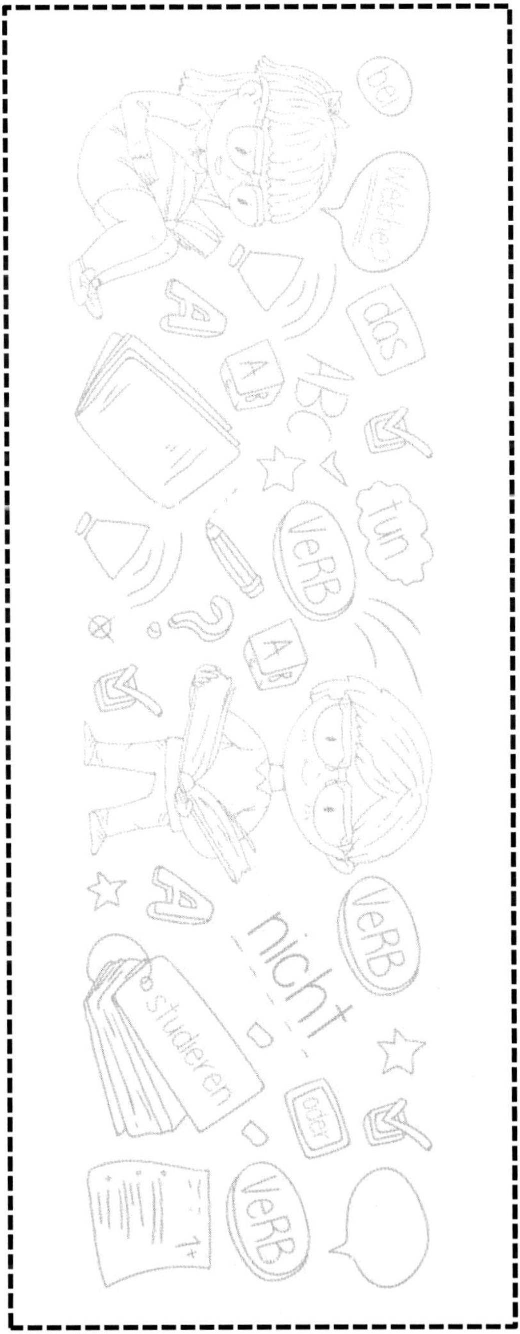
bei
das
tun
VeRB
nicht
VeRB
studieren
oder
VeRB